Heidi Hassenmüller/Udo Rauchfleisch/
Hans-Georg Wiedemann

Warum gerade mein Kind?

Heidi Hassenmüller/Udo Rauchfleisch/
Hans-Georg Wiedemann

Warum gerade mein Kind?

Walter

Bibliografische Information der Deutschen Bibliothek

Die Deutsche Bibliothek verzeichnet diese Publikation in der Deutschen Nationalbibliografie; detaillierte bibliografische Daten sind im Internet unter http://dnb.ddb.de abrufbar.

Walter Verlag, Düsseldorf

Druck und Bindung: Clausen & Bosse, Leck
ISBN 3-530-40187-0
www.patmos.de

Heidi Hassenmüller:
Für alle meine Kinder und mit besonderem Dank an meine Gesprächspartner.

Hans-Georg Wiedemann:
Für Traute Babick und Ruth Schnabel

Inhalt

Vorwort

Als meine Tochter, damals fünfzehn Jahre alt, ihren ersten Liebeskummer hatte, fragte ich mich: »Warum gerade mein Kind?« Meine Älteste war in eine Klassenkameradin verliebt. Auf meine Frage »Bis du vielleicht lesbisch?« brach die Hölle los. Meine Tochter wollte »normal« sein, sich nicht von anderen jungen Mädchen unterscheiden. Ich sagte es nicht mehr.

Meine Tochter war ein unglückliches, junges Mädchen – auch als der erste Liebeskummer überwunden war – und ich konnte ihr nicht helfen. Was wusste ich über Homosexualität?

Als meine Tochter mir ihren ersten Freund vorstellte, war ich vorübergehend beruhigt. Vielleicht hatte es sich doch nur um eine Phase gehandelt? Ich zweifelte, aber wir sprachen nicht darüber. Die Freundschaft mit dem jungen Mann dauerte nicht sehr lange.

Ich war erleichtert, als sie eines Tages strahlend glücklich nach Hause kam und sagte: »Ich habe da jemanden kennen gelernt – eine Frau ...«

Endlich konnte sie sich zu ihrer Homosexualität bekennen, und ich hoffte, dass sie glücklich werden würde. Und ich schwor mir, dass ich mich aus dieser Beziehung heraushalten würde, wer und wie immer diese Frau auch sein mochte. Wie sehr meine eigene Loyalität auf den Prüfstand gestellt worden wäre, wenn nicht vom ersten Augenblick an eine große gegenseitige Sympathie da gewesen wäre, musste ich später noch erfahren.

Mein jüngster Sohn war auch fünfzehn, als er zum Geburtstag eine Pyjamaparty feiern wollte. Ich dachte an all die hübschen Mädchen, die bei mir ein- und ausgingen, und schüttelte entschieden den Kopf: »Dafür bist du jetzt wirklich zu alt!«

Er grinste so unverschämt, wie nur ein fünfzehnjähriger pubertierender Junge grinsen kann, und meinte: »Und wenn ich nur

Piet einlade, dann ist es wohl in Ordnung?« Besagter Piet war ein Stripper, fünf Jahre älter als mein Sohn und zu mir immer besonders charmant. Aber als einziger Geburtstagsgast im Pyjama? Mein Sohn hörte all die unausgesprochenen Fragezeichen und meinte lässig: »Dann ist doch gleich klar, was ich will, oder? Ich bin schwul!«

Natürlich wusste mein Jüngster, dass er mich in die Pflicht nahm, denn oft genug hatte ich von meinen Lesungen zum Thema Homosexualität berichtet und darüber gesprochen, wie gerade die Jungen in einer Klasse häufig geradezu eine Homophobie entwickelten, wie für die Eltern eine Welt zusammenbrach, wenn die Jungen sich zu ihrer Veranlagung bekannten.

Die Pyjamaparty fand trotzdem nicht statt, denn besagter Piet erschien auf einmal in einem ganz anderen Licht: er konnte meinen Sohn verführen; vielleicht war das Ganze ja doch nur eine vorübergehende Phase; was wusste mein Junge denn schon über seine Sexualität? Und hatte er nicht immer die hübschesten Mädchen herbeigebracht, selbst im Urlaub für seinen älteren Bruder noch erfolgreich welche angemacht?

Alles wahr, aber Nico blieb dabei: »Ich bin schwul!«

Als er mit knapp achtzehn zum Studieren nach Rotterdam ging, hatte ich nicht nur die totale Krise, weil mein »Kleiner« in so eine große, gefährliche Stadt zog, sondern ich hatte auch viele schlaflose Nächte wegen meiner Angst vor Aids – ein Punkt, der bei der Akzeptanz der sexuellen Veranlagung meiner Tochter keine Rolle gespielt hatte.

Mittlerweile ist mein Jüngster erfolgreicher Juniormanager in einem großen Betrieb und sein Freundeskreis besteht aus heterosexuellen Paaren und schwulen Männern. Seine Beziehungen sind noch meist von kurzer Dauer, weil er viel Zeit und Energie in seine Karriere steckt.

Seine Geburtstage sind immer eine besondere Freude, weil ich als Frau mit den homosexuellen Freunden herrlich reden kann. Und ja, mein Sohn hat noch immer sehr hübsche und intelligente

Freundinnen. Wie gut verstehe ich das! Neben seinen beruflichen Ambitionen ist er besonders sensibel, künstlerisch talentiert und sozial eingestellt.

Und Aids ist für ihn das gleiche Thema, wie für meine anderen beiden heterosexuellen Söhne.

»Warum gerade mein Kind?« habe ich mich bei ihm nicht mehr gefragt. Homosexualität ist eine Veranlagung. Natürlich fürchtete ich auch die in den Niederlanden wieder stärker werdende Diskriminierung von Homosexuellen. Ich verstehe also die Angst und Unsicherheit der Eltern, aber der erste Schritt ist, zu begreifen, dass Homosexualität keine Krankheit ist, keine Schande, keine Frage von Schuld, sondern eine Veranlagung.

Akzeptieren wir unsere Kinder, wie sie sind, und lieben wir sie, denn sie brauchen uns.

Ja, auch Ihr Kind braucht Sie!

Heidi Hassenmüller

Nicht immer begegnen uns so offene und tolerante Mütter wie Heidi Hassenmüller, die die Gespräche mit den Eltern der lesbischen Töchter und schwulen Söhne in diesem Buch geführt hat. Es gibt auch ganz andere Reaktionen von Müttern und Vätern auf die Homosexualität ihrer Kinder, wie zu lesen sein wird.

Dem ablehnenden Verhalten von Eltern liegen verschiedene Motive zugrunde: Angst, aus der »Normalität« herauszufallen; Angst vor Diskriminierung der Kinder und eigener Diskriminierung; Angst vor dem Verlust an Ansehen in Bekanntschaft und Nachbarschaft; Angst auch vor den Lehren der Kirchen; Angst um das Glück der Kinder und Angst vor Aids; und schließlich der Verzicht auf Enkelkinder.

Diese Ängste und Sorgen sind nicht völlig unbegründet. Zum einen ist aber zu bedenken, dass die Eltern heterosexueller Kinder nicht weniger Sorgen und Ängste haben als die Eltern homosexueller Kinder. Zum anderen erweisen sich viele Sorgen und Befürchtungen bei genauerer Betrachtung als unbegründet.

Wir haben dieses Buch geschrieben, um den Eltern von Töchtern und Söhnen mit gleichgeschlechtlicher Orientierung einige überflüssige Sorgen und Ängste zu nehmen, ihnen zu helfen, sich von falschen Vorstellungen und Vorurteilen zu befreien, und sie Solidarität mit anderen Eltern erleben zu lassen. Zu den Interviews haben wir Kommentare aus psychologischer Sicht (U. Rauchfleisch) und seelsorglicher Perspektive (H.-G. Wiedemann) verfasst und behandeln dabei die Hauptthemen, die in diesen Interviews angesprochen werden und die viele Eltern homosexueller Töchter und Söhne beschäftigen. Die Namen aller in den Interviews genannten Personen wurden geändert.

Wir wünschen allen Eltern, ihren lesbischen Töchtern und schwulen Söhnen gute und offene Gespräche miteinander.

Udo Rauchfleisch
Hans-Georg Wiedemann

Interviews und Kommentare

1. »Ich habe geweint, als er es mir endlich sagte«

Interview

»Wie schön, dass Sie da sind!« Wilhelm Schütze lächelt mich strahlend an, als käme ich zu einem Rendezvous. Ein großer, stattlicher Mann mit leicht gewelltem, dunklen Haar, durchzogen von vielen Silberfäden. Er trägt eine saloppe Freizeithose zum schneeweißen Hemd, duftet dezent nach Sandelholz. Er sieht jünger aus, als er ist (67), und ist sich dessen bewusst. Galant schiebt er mir den Stuhl zurecht.

»Ich darf das Tonbandgerät für Sie anschließen? Ist es so recht?«

»Enno«, bitte ich, »erzählen Sie mir von Enno!«

Abwehrend hebt er kurz die Hände.

»Erst einen Sherry! Sie trinken doch einen Sherry mit mir?«

Aus dem antiken, englischen Buffet holt er Gläser, eine fein geschliffene Kristallkaraffe.

»Wir haben drei Kinder«, beginnt er dann ohne weitere Umschweife. »Michael ist drei Jahre älter als Enno; Cory, seine Schwester, ist sechs Jahre jünger. Mit Enno hatte ich immer am wenigsten Kontakt. Nein, ›immer‹ ist nicht wahr. Es begann wahrscheinlich in der Pubertät, vielleicht auch ein bis zwei Jahre vorher. Enno war ein sehr verschlossenes Kind, nicht so ein großer Redner, wissen Sie. Wir, ich meine, meiner Frau ging es nicht anders, wir wussten nie so richtig, was in seinem Kopf vorging. Ich erinnere mich da an einen Vorfall. Enno war ungefähr zehn Jahre alt.

›Ich habe einen Wunsch‹, sagte er, ›einen Wunsch, der euch nichts kostet. Aber wenn ihr mir den erfüllt, dann bin ich glücklich.‹

›Was ist es?‹, fragte ich.

Er sah an mir vorbei, wagte irgendwie nicht, mich anzusehen.

›Ich möchte aus dem Judoverein‹, sagte er. ›Es ist mir zu wild da. Ich möchte lieber Ballettunterricht haben.‹

Das brach mir beinahe das Herz. Ich meine, dass der Junge sich nicht traute, es mir eher zu sagen. Er war schon über zwei Jahre in dem Judoclub und war da anscheinend todunglücklich – während seine Trainer mir versicherten, dass er einer der besten Schüler sei.«

»Ging er dann zum Ballett?«

»Nein. Aber das hatte nur damit zu tun, dass es hier keine Ballettschule gab. Schließlich ist dieser Vorfall schon über siebenundzwanzig Jahre her. Enno feierte vor einer Woche seinen siebenunddreißigsten Geburtstag.«

»Vermuteten Sie damals, als Enno lieber zum Ballett wollte, dass Ihr Sohn eine andere sexuelle Veranlagung haben könnte?«

»Nein, meine Frau und ich fanden ihn nur sehr weich, sehr verletzlich, deshalb war er ja auch im Judoverein. Er sollte wehrhafter werden.

In der Schule war Enno ein absoluter Überflieger, er war hoch begabt. Sein Abitur hat er mit der Durchschnittsnote 1,2 bestanden.

Wie gesagt, wir hatten wenig Probleme mit ihm, aber wir wussten auch nicht, was in ihm vorging.

Nach dem Abitur zog er von zu Hause aus, wohnte in einem Studentenheim. Er begann, Physik zu studieren. Unser Kontakt mit ihm war mäßig: Er besuchte uns zu Weihnachten, zu Ostern, hin und wieder zu einem Geburtstag. Es war deutlich, dass er sein eigenes Leben führen wollte. Das akzeptierten wir.

In der Zeit begann ich zu vermuten, dass er eventuell homosexuell sein könnte. Er hatte nie eine Freundin, erzählte nie etwas von Freundschaften. Aber ich wollte ihn nicht selbst darauf ansprechen, ich glaubte, es würde ihn verletzen. Wenn ich mich nun doch irrte? Ich habe auch mit meiner Frau nicht darüber gesprochen, schließlich war es ja nur eine Vermutung.«

»Wann und wodurch wurde diese Vermutung bestätigt?«

»Das war vor ungefähr zehn Jahren. Meine Frau war schon zu Bett. Enno lief im Wohnzimmer hin und her, und eine eigenartige Spannung breitete sich aus. Dann setzte er sich dort auf die Couch. Er war ziemlich blass.

›Ich muss dir eine unerfreuliche Mitteilung machen‹, sagte er, ›ich bin schwul.‹

Genauso sagte er es, ohne irgendeine Einleitung. Ich bin schwul. Patz, bumm!

Ich begann zu heulen. Verstehen Sie mich, bitte, richtig. Ich heulte *nicht,* weil er schwul war. Ich heulte, weil er mir nicht vertraut hatte. Ich heulte, weil er siebenundzwanzig Jahre alt werden musste, um es mir zu sagen. Unser kühles Verhältnis, sein bewusstes Abstandhalten, das hatte doch alles damit zu tun. Enno bestätigte mir das auch.

›Warum hast du es nicht eher gesagt?‹, fragte ich ihn.

›Ich befürchtete, du könntest mich als Sohn abweisen‹, sagte er, und ich sah das erste Mal Tränen in seinen Augen.

Diese Idee, dass er das von mir denken konnte, das war schon sehr schmerzlich für mich. Anscheinend war es mir nicht gelungen, meinem Sohn zu vermitteln, was er mir bedeutete. Unabhängig von seiner sexuellen Veranlagung. Da habe ich als Vater doch versagt! Am nächsten Tag hat Enno es dann seiner Mutter gesagt. Ich war bei dem Gespräch dabei. Das wollte er gerne. Sie reagierte typisch, ich meine, so reagieren wohl viele Mütter:

›Ach, das geht schon vorbei. Da muss nur die richtige Frau kommen‹, sagte sie – und was dergleichen noch mehr gesagt wird.

Ich habe ihr in den nächsten Monaten immer wieder versucht zu verdeutlichen, dass Homosexualität nichts mit der richtigen Frau zu tun hat, die da noch kommen müsse. Meiner Meinung nach wird man so geboren. Da ist nichts daran zu machen. Und warum sollte man auch? Jeder muss sehen, wie er im Leben zurechtkommt, zufrieden und mehr oder weniger glücklich wird. Das ist wohl der Jurist in mir. Tatsachen muss man akzeptieren. Punkt aus.

Meine Frau hatte es deutlich schwerer, Ennos Veranlagung zu akzeptieren. Ob wir nicht etwas tun, ob wir ihm nicht irgendwie helfen könnten, was denn nun werden sollte, und wieso Enno homosexuell sei und Michael nicht, wir hätten sie doch beide gleich erzogen, und Cory sei doch auch nicht ›so‹.

Ich habe ihr nur immer und immer wieder gesagt, sie solle daraus kein Drama machen. Er wolle und könnte nicht anders sein. Enno ist so, wie er ist.

Ich hatte auch die Hoffnung, dass unser Verhältnis zu ihm besser werden würde, aber das war leider nicht der Fall. Bei ihm war zwar deutlich der Druck weg, etwas verheimlichen zu müssen, aber wir waren uns schon zu fremd geworden.

Enno ist im Grunde seines Wesens ein introvertierter Mensch. Er braucht nicht viele Menschen, um zufrieden zu sein.

Wohl hat er mit seinem Bruder und mit seiner Schwester regelmäßig Kontakt. Als Cory im letzten Sommer ihr Baby bekam, stand er als Erster mit einem Blumenstrauß vor der Tür. Er weiß, dass sie nie Probleme mit seiner Homosexualität gehabt haben. Er hat es ihnen damals auch erzählt, und sie haben es akzeptiert. Ob sie etwas geahnt haben, weiß ich nicht. Darüber haben wir nie gesprochen.«

»Haben Freunde und Verwandte auch so sachlich auf Ennos sexuelle Veranlagung reagiert?«

»Persönlich habe ich nie etwas anderes gehört. Vielleicht, weil ich nie einen Hehl daraus gemacht habe. Ich meine, nachdem er es mir gesagt hatte. Selbst war ich ja froh, dass ›die Katze aus dem Sack‹ war.

Auch seine vierundachtzigjährige Großmutter sagte auf seine Mitteilung, er sei homosexuell, nur: ›Na und?‹ Das fand ich persönlich nun wieder beachtlich. Schließlich gehört sie einer anderen Generation an. Damals sprach man doch überhaupt nicht über Sexualität, schon gar nicht über Homosexualität. Ihre nüchterne Reaktion berührte Enno. Das hat er mir einmal gesagt.

Letztens waren wir bei neuen Bekannten eingeladen, und wir erzählten von unseren Kindern. In Kurzfassung: Der Älteste ist verheiratet und hat zwei Kinder, der zweite ist schwul, und unsere Tochter hat seit kurzem ihr erstes Baby.

Die sahen uns nur mit großen Augen an.

›Dass Sie so darüber reden können‹, sagte dann der Gastgeber nach einer Weile. ›Wir haben nämlich auch einen homosexuellen Sohn. Aber es ist heute Abend das erste Mal, dass wir das zu jemandem sagen.‹

Ich verstehe das nicht. Homosexualität ist keine Schande, keine Schuld von irgendjemandem, also was soll es?«

»Hat Enno beruflich jemals Schwierigkeiten wegen seiner sexuellen Veranlagung gehabt?«

Bevor Wilhelm Schütze antworten kann, klingelt das Telefon. Er gibt nur kurz Antwort. »Tut mir Leid, jetzt bitte nicht. Dazu kann ich im Moment nichts sagen. Ich bin gerade im Gespräch mit einer charmanten Dame.« Er blinzelt mir zu, legt auf.

»Seit meiner Pensionierung als Jurist in einem großen Konzern habe ich verschiedene Ehrenämter. Manchmal denke ich, ich habe noch mehr am Hals als früher.«

Er denkt kurz nach.

»Ihre letzte Frage, ob er berufliche Schwierigkeiten hatte? Nein, ich glaube nicht. Er hat jedenfalls nie etwas davon erzählt. Und das hätte er wohl getan, davon bin ich überzeugt. Enno hat sein Physikstudium übrigens abgebrochen und dann Hebräisch studiert. Ich möchte beinahe sagen, dass er ›natürlich‹ mit *summa cum laude* sein Studium abgeschlossen hat. An der Uni gab es hin und wieder Spannungen, aber das lag nicht an seinem ›Homo-Sein‹, sondern daran, dass er ganz einfach ein sehr eigensinniger Mensch ist. Enno weiß, dass er gut ist, etwas von seinem Fach versteht, und lässt sich wenig sagen. Er war auch nie in einer Studentenvereinigung. Das hält er für ›Vereinsmeierei‹ und damit hat er nichts am Hut.

Nach seinem Studium bekam er ein Stipendium für Jerusalem. Dort hat er seinen ersten, festen Freund gehabt. Das hat er uns auch geschrieben. Der junge Mann kam dann zum Urlaub mit hierher, und wir haben ihn kennen gelernt.

Ein netter, junger Mann, aber nicht sehr ambitiös. Ich bin der Meinung – genau wie bei Michael und Cory – dass die Partnerwahl nur meine Kinder selbst etwas angeht. Auch das hat nichts mit einem homosexuellen Partner oder nicht zu tun, es dreht sich immer um den Menschen an sich.

Enno ist Dolmetscher für Deutsch-Hebräisch geworden und mittlerweile sehr gefragt in seinem Fach. Es gibt viele israelische Autoren, die nur ihn haben wollen. Das spricht natürlich für ihn.

Er wohnt nach seiner Rückkehr aus Jerusalem wieder in seinem Studentenhaus, in dem er schon wohnte, als er noch studierte. Wohnung, sozialer Status, das alles interessiert ihn nicht. Er bewegt sich noch immer in ehemaligen Studentenkreisen oder in der homosexuellen Szene.

In einem Interview hat Enno vor kurzem einmal gesagt, dass er aus einer atheistischen Familie kommt. Darüber musste ich lachen, denn ich selbst komme aus einer streng katholischen Familie. Aber ich habe mit der Kirche und ihren ganzen Normen und Werten nichts am Hut. Ich bin deswegen aus der Kirche ausgetreten. Ich bin auch nicht gläubig. Wie soll man in unserer Welt glauben? Also können Sie sich vorstellen, dass es mir vollkommen egal ist, was die Kirche und ihre Vertreter über Homosexualität sagen oder nicht sagen.

Die einzige Angst, die ich bezüglich Ennos Veranlagung habe, ist Aids. Enno hat einmal einen Aids-Test gemacht. Er hat es mir erst gesagt, als er das negative Testergebnis hatte. Ich hoffe, dass das eine Lehre für ihn war, in Zukunft nur noch ›Safer sex‹ zu praktizieren. Aber auch deswegen habe ich keine schlaflosen Nächte. Es ist mehr eine allgemeine Angst. Die habe ich auch bei Michael oder Cory in Bezug auf Krankheit oder einen Unfall. Enno ist da keine Ausnahme. Er ist überhaupt keine ›Ausnahme‹ in unserer Familie. Er ist unser Sohn Enno, und damit hat es sich.«

Kommentar

Die Entwicklung von Enno ist fast klischeehaft so, wie wir sie sehr oft bei späteren schwulen Männern finden: Er war ein eher verschlossenes Kind und lehnte Judo ab, weil ihm dieser Sport »zu wild« war. Stattdessen wollte er gern Ballettunterricht haben. Bei einer oberflächlichen Betrachtung könnte man die – ebenfalls klischeehafte – Annahme bestätigt sehen, Schwule seien weiblich identifiziert (wohingegen Lesben nachgesagt wird, sie seien männlich identifiziert). Diese Annahme trifft indes keineswegs zu, auch wenn in groß angelegten Studien, zumindest in der Vergangenheit, immer wieder herausgefunden wurde, dass Schwule als Kinder die »rauen« Sportarten wie Baseball (in den USA) und Fußball (in Europa) abgelehnt und stattdessen großes Interesse für bildende Kunst, Literatur und Musik entwickelt hätten.

Dieser nach traditionellen Rollenvorstellungen eher weiblichen Interessenausrichtung liegt indes keine weibliche *Identifizierung* zugrunde, sondern sie ist Ausdruck und Reaktion des präschwulen Kindes auf die Wahrnehmung, »anders« zu sein als die sich heterosexuell entwickelnden Gleichaltrigen. Im Allgemeinen spüren Kinder mit gleichgeschlechtlicher Orientierung schon früh, dass sie in ihren Gefühlen und Fantasien von ihren Kameraden abweichen. Diese Wahrnehmung des »Anders«-Seins führt dann zu der – unbewussten – Vorstellung, sich dann auch »anders« verhalten zu müssen. Und »anders« heißt in diesem Fall: sich eher wie ein Mädchen zu verhalten. Diese Orientierung an den Mädchen betrifft aber nicht ihre *Identität* als Knaben und später als Männer, sondern lediglich ihr *Rollenverhalten.*

Herr Schütze erwähnt in diesem Interview eine eher untypische Situation, nämlich dass er keine Schwierigkeiten hatte, die gleichgeschlechtliche Orientierung seines Sohnes zu akzeptieren, während seine Frau sie zunächst zu bagatellisieren versuchte (»Das geht schon vorbei«, »Da muss nur die richtige Frau kommen«). Dies sind Argumente, die meist von Männern geäußert werden, die sich im Allgemeinen viel schwerer mit der Homosexualität ihrer Söhne und Töchter tun als die Mütter. So sind homosexualitätsfeindliche Einstellungen (*»Homophobie«*) bei Männern wesentlich häufiger anzutreffen als bei Frauen (auf diese Fragen soll im Kommentar zum 2. Interview noch ausführlicher eingegangen werden).

In der Schilderung des Vaters von einem Gespräch mit Bekannten, gegenüber denen seine Frau und er sich ohne Scheu über die Homosexualität ihres Sohnes äußerten, zeigt sich eine interessante Reaktion dieser Bekannten: Sie waren erstaunt über die Offenheit des Ehepaares Schütze und berichteten zum ersten Mal anderen Menschen von der Homosexualität ihres eigenen Sohnes. Dies ist eine Erfahrung, die Lesben und Schwule selbst, aber auch ihre Eltern, immer wieder machen: Das offene Gespräch über die gleichgeschlechtliche Orientierung führt zu einer großen Nähe der Gesprächspartner und hat häufig zur Folge, dass die anderen ebenfalls offen über eigene Probleme, aber auch – wie die Bekannten des Ehepaares Schütze – über die Homosexualität von Kindern und anderen Nahestehenden sprechen.

U. R.

2. »Meine Schwester ist eine dreckige Lesbe«

Interview

»Ich habe drei Kinder«, sagt Grit Schütten und stellt den Kaffeebecher vor mich hin. »Mein ältester Sohn Andreas ist dreißig und seit zwei Jahren verheiratet. Meine Tochter Lydia ist achtundzwanzig, Kerstin ist sechsundzwanzig. Wenn ich ›meine‹ Kinder sage, so deswegen, weil ich schon seit zehn Jahren verwitwet bin. Mein Mann hat die ganze Entwicklung der Kinder nicht mehr erlebt. Ich habe keine Ahnung, wie er sich verhalten hätte, aber zumindest hätten wir darüber reden können. So war das für mich alles nicht so einfach.«

Grit Schütten zündet sich eine Zigarette an, streicht mit der anderen Hand ihr dunkles Haar aus der Stirn. Sie ist superschlank, sehr modisch gekleidet, sieht mich kritisch an.

»Ich habe mich natürlich gefragt, ob ich etwas bei der Erziehung verkehrt gemacht hab. Schon als die Mädchen klein waren, liefen sie immer in Jungensachen herum. Die Kleider, die ich kaufte, blieben ungetragen im Schrank hängen. Dabei war Lydia vom Wesen her viel weiblicher als Kerstin, aber was sagt das schon bei kleinen Mädchen? Mein Sohn Andreas war auch kein Schlägertyp und ist doch heute ein ›gestandenes Mannsbild‹, wie man so sagt.

Mein Mann war Arzneimittelvertreter, ich arbeitete und arbeite noch immer im Antikhandel. Die Kinder waren viel der Obhut meiner Mutter anvertraut, die tagsüber hier bei uns zu Hause nach ihnen schaute, bei den Schularbeiten half und zum großen Teil den Haushalt versorgte.

In der Schule gab es mit allen drei Kindern keine Probleme. Sie konnten gut lernen. Kerstin blieb zwar in dem Jahr, als ihr Vater an Krebs starb, sitzen, aber das hatte natürlich psychische Gründe. Die Beziehung zu ihrem Vater war sehr innig.

Damals hatte Kerstin auch die ersten Freunde. Ich fand es zwar noch ein wenig früh, andererseits war ich ja auch mit zweiundzwanzig Jahren verheiratet gewesen.

Andreas wohnte schon woanders zur Untermiete, als mein Mann starb, Lydia und Kerstin waren noch zu Hause. Das Verhältnis der beiden Schwestern untereinander war schlecht. Kein Tag verging ohne Streit.

Ich erinnere mich noch, dass Kerstin einmal vollkommen außer sich aus der Stadt zurückkam.

›Ich habe Lydia mit einer Frau in einem Café gesehen, Händchen haltend, kannst du dir das vorstellen? Meine Schwester ist eine ganz ordinäre Lesbe.‹ Ich hätte Kerstin damals beinahe eine geknallt. Aber das wäre dann so in dem Trend gewesen, dass man den Überbringer der schlechten Nachricht bestraft.« Grit Schütten lacht fahrig, zündet sich eine neue Zigarette an.

»Ich glaube, das war im alten Griechenland, damals wurden die Botschafter schlechter Nachrichten oft mit dem Tode bestraft. Vielleicht war ich auch deswegen so aufgebracht, *wie* Kerstin es sagte. Das klang so schmutzig. Na ja, auf jeden Fall habe ich Lydia abends zur Rede gestellt. Sie gab es sofort zu.

›Das ist eine junge Redakteurin einer Frauenzeitschrift‹, sagte sie und fügte noch bissig hinzu: ›Wenn du nicht mit deiner Arbeit so beschäftigt wärst, hättest du vielleicht schon eher etwas bemerkt.‹

Das fand ich unfair von ihr. Sie versuchte sofort, mir den

schwarzen Peter zuzuschieben. Angriff ist die beste Verteidigung, dachte sie wohl.

Erstaunt hat mich, wie Kerstin darauf reagierte. Man sollte ja meinen, dass junge Menschen toleranter sind, aber sie ließ in der ersten Zeit keine Gelegenheit aus, um ihre Schwester zu beschimpfen. ›Mannweib‹ und ›dreckige Lesbe‹ waren schon beinahe normale Worte.

Es war dann auch gut, dass Lydia kurz darauf zu Hause auszog. Etwas Abstand, und das Ganze kommt wieder ins Lot, dachte ich. Natürlich hoffte ich auch, dass Lydia wieder ›normal‹ werden würde. Eigenartigerweise war es mein Sohn Andreas, der mir das ausredete. Er hatte übrigens, ganz im Gegensatz zu seiner Schwester Kerstin, keine Probleme mit Lydias Veranlagung.

›Du solltest dich besser damit abfinden‹, sagte er zu mir. ›Sonst wirst du Lydia verlieren.‹

Darüber habe ich einige Tage und Nächte nachgedacht. Wie gesagt, damals hätte ich mehr als sonst noch meinen Mann nötig gehabt, um mit ihm über Lydia zu reden. Glücklicherweise hatte ich eine Bekannte in der Nachbarschaft. Ihr Sohn war homosexuell, und ich habe nie gemerkt, dass sie Probleme mit seiner Veranlagung gehabt hätte. Also rief ich sie eines Tages an, ob ich mit ihr reden könnte. Und diese Gespräche haben mir viel gegeben. Sie sagte das Gleiche wie Andreas:

›Wenn Sie Ihre Tochter nicht akzeptieren, werden Sie sie verlieren.‹ Und die Schuldgefühle redete sie mir auch aus. Sie war der Ansicht, dass man homosexuell geboren wird, genau wie man andere Veranlagungen mitbekommt. ›Suchen Sie als Erstes das Gespräch mit Lydia, und verbieten Sie Kerstin energisch, ihre Schwester zu beschimpfen. Sie ist wahrscheinlich nur stark verunsichert, und diese Verunsicherung reagiert sie bei ihrer Schwester ab.‹

Also habe ich mit Lydia gesprochen. Wir fielen uns schon

nach den ersten Worten heulend um den Hals. Sie, weil ich gekommen war, ich, weil Lydia beinahe sofort ihre Vorwürfe mir gegenüber zurücknahm.

›Ich habe immer nach Mädchen geschaut‹, sagte sie, ›aber ich habe erst in der Pubertät gemerkt, dass ich mich überhaupt nur zu Frauen hingezogen fühle.‹«

Von der Kirche gegenüber am Marktplatz unterbricht das Mittagsläuten unser Gespräch. Grit Schütten steht auf, zündet vor einer Buddhastatue zwei Teelichter und eine Räucherkerze an.

»Der viele Zigarettenrauch«, sagt sie erklärend, »und außerdem glaube ich an das Licht.«

»Spielt die Meinung und Haltung der Kirche im Zusammenhang mit Homosexualität eine Rolle für Sie?«

Grit Schütten sieht einen Augenblick nachdenklich zu dem lächelnden Gesicht Buddhas.

»Nein«, sagt sie dann. »Ich bin katholisch erzogen worden, aber ich glaube, dass Gott keine Religion hat. Oder besser gesagt: Er ist in jeder Religion. Und da ich gläubig bin, glaube ich auch nicht, dass er den Menschen erst mit all seinen Lüsten und Lasten erschaffen hat, um ihn dann zu verdammen. Gott ist für mich Liebe. Und Liebe ist mit Eros verbunden, also von Gott gegeben.

Ich habe nie mit unserem Pfarrer darüber geredet. Er hätte mir nicht mehr dazu sagen können als das, was ich selbst fühle.

Aber um bei Lydia zu bleiben: Ich habe dann diese junge Redakteurin kennen gelernt. Ich kann nicht sagen, dass ich begeistert von ihr war, sie wirkte so männlich. Aber zumindest benahmen sich die beiden in unserer Anwesenheit normal, das heißt, es wurde nicht weiter herumgeknutscht. Also war es eigentlich so, als wäre eine ›normale‹ Freundin bei mir zu Besuch. Verärgert und irritiert war ich immer wieder über Kerstin. Sie hatte damals schon einen festen Freund, mit dem sie sich zwei Jahre später verlobte. Sie ließ keine Gelegenheit aus, um Lydia und ihre Freundin zu provozieren. Sie setzte sich zum Beispiel bei ihrem Freund auf den Schoß, schmuste mit ihm herum. ›Geht doch nichts über normal‹, sagte sie dann und ging ihm sozusagen beinahe an die Wäsche. Ich ärgerte mich schrecklich über ihr ordinäres Verhalten. Meine Mutter – sie war Lehrerin – war auch mehr über Kerstins Verhalten entsetzt als über die Tatsache, dass Lydia eine Freundin hatte. Das war für sie kein Thema.

›Ich habe mich mein ganzes Leben mehr zu Frauen hingezogen gefühlt, obwohl ich verheiratet war. Und zu einer Freundschaft gehört auch Intimität. Es ist unser überholtes, gesellschaftliches Verhalten, das den Kopf vom Körper trennen will. Absolut unrealistisch und wirklichkeitsfremd!‹

Ich muss sagen, dass ich über diese Aussage meiner Mutter sehr erstaunt war, denn wenn ich jemanden für konservativ und zum Teil auch für moralisierend gehalten habe, dann war sie es.«

Grit Schütten sieht zu einem Foto in einem kleinen Silberrahmen, zündet sich eine neue Zigarette an.

»Ich spreche übrigens von ihr in der Vergangenheit, weil sie auch vor zwei Jahren gestorben ist. Aber die Sache mit Kerstin hat sie noch voll mitgemacht.

Also, Kerstin hat sich mit achtzehn verlobt, und bei ihr schien alles Friede, Freude, Eierkuchen. Mit zwanzig sprachen ihr Verlobter Jürgen und sie von Hochzeit. Ich schaute mir sozusagen schon die ersten Brautkleider an. Dann merkte ich, dass zwischen den beiden eine längere Missstimmung herrschte. Ich habe mir aber nichts weiter dabei gedacht, da junge Leute sich doch erst zusammenraufen müssen. Aber dann kam Jürgen immer seltener, und Kerstin lief mit einem Gesicht herum, als würde sie demnächst ihre eigene Beerdigung feiern, nicht ihre Hochzeit. Eines Tages traf ich Jürgen zufällig in der Stadt und zwang ihn beinahe, mit mir nach Hause zu kommen.

›Was ist los mit euch? Bei euch stimmt doch etwas nicht?‹

Jürgen war sehr verlegen. Ich muss dazu sagen, dass ich mich gut mit ihm verstand. Er war für mich wirklich schon ein Sohn geworden. Aber diesmal merkte ich deutlich, dass er mit mir nicht reden wollte.

›Mam‹, sagte er, ›am besten ist es, wenn du mit Kerstin redest.‹

›Hast du eine andere? Hat sie einen anderen?‹, bohrte ich noch weiter.

Seine Augen füllten sich mit Tränen.

›Ich liebe Kerstin. Und natürlich habe ich keine andere.‹ Er holte tief Luft, um noch hinzuzufügen: ›Und Kerstin hat auch keinen anderen.‹

Darüber war ich erst einmal beruhigt. Dann kommt schon alles wieder in Ordnung, redete ich mir ein. Aber natürlich musste ich mit Kerstin reden. Denn dass irgendetwas nicht stimmte, hatte Jürgen mir ja indirekt bestätigt. Kerstins erste Reaktion war ausweichend.

›Wir haben eine Krise‹, sagte sie, ›das geht schon wieder vorbei.‹

Sie hatte damals gerade ihr Examen als Sozialarbeiterin bestanden und machte jetzt eine Ausbildung zur Vollstreckungsbeamtin.

Vielleicht ist es das, dachte ich, die Ausbildung ist schwerer, als sie dachte, und Jürgen fühlt sich ganz einfach benachteiligt.

Aber eines Abends, ich sah gerade fern, blieb sie an der Tür zum Wohnzimmer stehen und sagte:

›Jürgen und ich haben die Verlobung gelöst. Das wird nie etwas mit uns.‹

Und weg war sie. Das ging ungefähr eine Woche so. Kerstin

wich jedem Gespräch aus, und Jürgen wollte ich nicht anrufen. Ich sprach mit Lydia über die Entlobung.

›Das habe ich schon vermutet‹, sagte sie lakonisch. ›Die beiden passen nicht zusammen.‹

Na ja, um es kurz zu machen, nach einer Woche erzählte mir meine Tochter Kerstin, dass sie jemanden kennen gelernt hätte und dass dieser jemand eine Frau sei.

Diesmal konnte und wollte ich es nicht glauben. Sie hatte seit ihrem sechzehnten Lebensjahr Freunde gehabt, war über zwei Jahre lang verlobt gewesen, dann entdeckt man doch nicht auf einmal, dass man lesbisch ist?

›Und doch ist es so‹, sagte Kerstin.

Ich glaubte, den Boden unter den Füßen zu verlieren. Wieso gleich beide Töchter? Und dann ausgerechnet Kerstin, die ihre eigene Schwester aufs übelste beschimpft und angegriffen hatte? Ich begriff die Welt nicht mehr, denn ein Teil dieser Welt waren ja meine beiden Mädchen. War ich als Frau und Mutter ein so negatives Rollenvorbild gewesen?

›Du musst dieses Schubladendenken ablegen‹, belehrte mich meine Mutter.

›Ich sagte dir doch schon, dass Freundschaft und Liebe nichts mit dem Geschlecht zu tun haben!‹

Lydia erzählte mir später, dass ihre Freundin und sie Kerstin schon eine ganze Zeit lang in so genannten Homo-Cafés gesehen und sich einen Vers darauf gemacht hatten.

›Wahrscheinlich war Kerstins Reaktion auf meine Freundin auch deswegen so heftig gewesen. Sie bekämpfte an mir, was sie bei sich selbst vermutete. Und wovor sie Angst hatte.‹«

Grit Schütten sieht sich in ihrem gepflegten Wohnzimmer um. Ihre Vorliebe für antike Möbel ist nicht zu übersehen: dort ein alter Sekretär mit Intarsien, hier eine messingbeschlagene Truhe, gemütliche Chesterfield-Sessel um einen altenglischen Kajütentisch.

»Ein halbes Leben lang habe ich schöne Dinge um mich

versammelt, und auf einmal war nichts mehr wichtig. Zwei Töchter homosexuell. Da fragt man sich doch immer und immer wieder, warum und wieso.

Ich habe keine Antwort darauf bekommen.

Es gibt wohl auch keine.

Ich habe ganz einfach gelernt, es zu akzeptieren. Und die Selbstvorwürfe habe ich auch begraben. Ich war eine berufstätige Mutter, aber meine Kinder waren unter der Obhut einer emanzipierten Großmutter. Das kann für Kinder ja nicht schlecht sein. Außerdem sind Lydia und Kerstin anständige und sozial fühlende junge Frauen geworden. Ich weigere mich heute, alles nur aus dem Blickwinkel der Homosexualität zu sehen.

Allerdings hatte ich bei Kerstin lange Zeit die Hoffnung, dass sie sich wieder für einen Mann interessieren könnte.

Inzwischen denke ich nicht mehr darüber nach.

Seit einem Jahr wohnt sie nun mit einer Kollegin aus dem Strafvollzug zusammen, und diese junge Frau ist mir sehr sympathisch. Das macht es einfacher zu akzeptieren, dass sie lesbisch ist.

Lydia hat im Moment eine Beziehung zu einer Frau, mit der ich überhaupt keinen Kontakt bekommen kann; dann wird es wieder problematischer. Aber ich sage mir immer, das könnte auch bei männlichen Partnern sein. Auf jeden Fall ist mein Verhältnis zu Lydia und Kerstin wieder in Ordnung. Sie wissen, dass ich ihre Wahl respektiere.

Schließlich ist es ihr Leben.

Das habe ich von Anfang an auch in meinem Bekanntenkreis verkündet. Obwohl es damals in mir noch anders aussah. Aber das geht ja niemanden etwas an.

Kerstin und ihre Kollegin haben keine Schwierigkeiten in der Strafvollzugsanstalt. Man teilt sie nur bewusst nicht zu denselben Diensten ein. Vielleicht, damit die Gefangenen nicht mit ihnen zusammen konfrontiert werden.

Lydia ist im Moment arbeitslos. Sie ist Lehrerin. Ich fragte sie einmal, ob sie bei einer Bewerbung etwas von ihrer homosexuellen Veranlagung schreiben würde.

›Das geht doch niemanden etwas an‹, sagte sie. ›Eine heterosexuelle Frau würde das doch auch nicht erwähnen! Wenn ich meine Veranlagung gleich zu Anfang betone, könnte es ja so aussehen, als ob ich das bei einer beruflichen Entscheidung für wichtig halte. Ich meine aber, dass ich als Lehrerin qualifiziert bin. Meine Partnerwahl hat nichts damit zu tun.‹«

»Wovor haben Sie am meisten Angst?«

»Angst«, Grit Schütten zündet nachdenklich eine neue Zigarette an. Die letzte verglimmt noch im Aschenbecher.

»Angst ist vielleicht ein großes Wort. Angst hätte ich, wenn sich Lydia und Kerstin in der männlichen homosexuellen Szene bewegen würden. Dann wäre Aids doch ein zusätzliches Problem. Das entfällt ja wohl bei lesbischen Beziehungen.

Nein, deprimierter werde ich bei dem Gedanken, dass ich von meinen Töchtern keine Enkelkinder bekommen werde. Darauf hatte ich mich früher immer gefreut. Wenn ich meine Mutter mit Andreas, Lydia und Kerstin sah, dachte ich oft: Das möchte ich später auch einmal. Nicht mehr diese Hektik, sondern sich voll und ganz den Kindern widmen können. Und dabei hat man doch nicht die volle Verantwortung. Meine Mutter war bei ihren Enkelkindern auch viel toleranter und großzügiger, als sie es bei mir je gewesen ist. So, als hätte sie noch eine zweite Chance bekommen, Kindern den rechten Weg zu weisen.

Diese zweite Chance bekomme ich nicht.«

Kommentar

Es mag die Leserinnen und Leser dieses Interviews verwundern, dass sich ausgerechnet Kerstin, von der sich später herausstellt, dass sie selbst lesbisch ist, so entwertend über ihre Schwester Lydia äußert. Dies ist allerdings keineswegs eine selten anzutreffende Reaktion. Es ist die auch in anderen Bereichen bekannte Strategie, eigene abgelehnte Persönlichkeitszüge und Verhaltensweisen an anderen Menschen, bei denen man Ähnliches wahrnimmt, zu bekämpfen. In der Homosexualitätsforschung sprechen wir hier von *»verinnerlichter Homophobie«*.

Im Grunde verschleiert jedoch der Begriff »Phobie« den Sachverhalt, um den es hier geht. »Phobisch« zu sein bedeutet ja, Angst vor bestimmten Situationen oder Menschen zu haben und ihnen so weit wie möglich auszuweichen. Im Fall der Homophobie sieht die Sache indes anders aus: Die Betreffenden weichen Menschen mit gleichgeschlechtlichen Orientierungen keineswegs aus, sondern suchen geradezu deren Nähe, indem sie sich in übertriebener Weise mit dem Thema »Homosexualität« beschäftigen und, wie gerade Lydias Verhalten zeigt, einen erbitterten Kampf gegen Lesben und Schwule führen.

Wir sprechen bei Lesben und Schwulen von »verinnerlichter Homophobie«, wenn sie die ihnen von der Umgebung vermittelten negativen Bilder der Homosexualität ins eigene Innere übernehmen und daraufhin mit Wut und Abscheu gegen Lesben und Schwule kämpfen, wobei es letztlich ein Kampf gegen die eigene Person ist, deren gleichgeschlechtliche Orientierung nicht akzeptiert wird.

Wie das Interview zeigt, kann die verinnerlichte Homophobie verhängnisvolle Folgen haben: Zum einen führt sie zur Verletzung anderer Lesben und Schwuler, die entwertet und bekämpft werden. Zum anderen wird mit diesem Kampf aber auch die eigene Person massiv verletzt, indem eine so zentrale Dimension wie die eigene sexuelle Orientierung nicht akzeptiert wird. Es ist tragisch, dass Menschen mit gleichgeschlechtlichen Orientierungen durch die negativen Einflüsse ihrer Umgebung zu einem solchen Selbsthass getrieben werden, der ihr Leben und ihre Beziehungen vergiftet.

Im Gespräch mit Frau Schütten wird noch ein anderer Themenkreis angesprochen: Es ist die Frage nach der *Entstehung der gleichgeschlechtlichen Orientierung*. Wenn Überlegungen in diese Richtung angestellt werden, geht es meist gar nicht um die Entstehung. Dahinter verbirgt sich vielmehr die Frage, ob bzw. wie sich die Homosexualität beseitigen lasse. Im Fall der Familie Schütten ist es allerdings fast nahe liegend, nach der Entstehung zu fragen, fällt doch auf, dass beide Töchter lesbisch sind und die Mutter von Frau Schütten erwähnt, dass sie sich zeitlebens mehr zu Frauen hingezogen gefühlt habe. Auch wenn wir nicht wissen, wie die sexuellen Orientierungen entstehen – und zwar homosexuelle wie heterosexuelle –, ist doch offensichtlich, dass es einen erblichen Faktor gibt. So finden wir, wie bei Familie Schütten, Familien mit einer überzufällig großen Zahl von Lesben und Schwulen (es sei hier angemerkt, dass dies selbstverständlich genauso für die Heterosexualität gilt, wobei hier aber die Frage nach der Entstehung im Allgemeinen nicht gestellt wird). Die Häufung von Menschen mit gleichgeschlechtlicher Orientierung lässt sich in diesen Fällen nicht durch Erziehungseinflüsse oder familiäre Traditionen erklären, sondern beruht offensichtlich auf einem genetischen Faktor.

Diese Tatsache korrigiert auch eine Sorge, die viele Eltern, vor allem die Mütter, von Lesben und Schwulen bedrückt und die sie fast regelhaft in Beratungen äußern: Es ist die – fälschliche! – Annahme, sie hätten als Eltern versagt, die Homosexualität ihrer Kinder sei die Folge von »*Erziehungsfehlern*« und sie seien, wie Frau Schütten es formuliert, für ihre Kinder »ein negatives Rollenvorbild« gewesen. Dem ist absolut nicht so! Sexuelle Orientierungen entstehen nicht durch wie auch immer geartete Erziehungsfehler oder negative Erfahrungen mit den Eltern.

Insbesondere Lesben sehen sich häufig mit dem aus psychologischer Sicht absurden Vorurteil konfrontiert, sie seien infolge von Traumatisierungen, die sie im Umgang mit Männern (in Form sexueller Übergriffe durch den eigenen Vater oder durch negative Erfahrungen mit anderen Männern) erlitten hätten, lesbisch geworden. Solche Erfahrungen haben selbstverständlich Folgen für die betreffende Frau und können tatsächlich zu einem Rückzug von Männern führen. Dies bedeutet jedoch keineswegs, dass sie zwangsläufig dadurch eine gleichgeschlechtliche Orientierung ausbilden.

Das Gleiche gilt im Hinblick auf die *Rollenbilder*, die Eltern ihren Kindern vermitteln. Selbstverständlich hat es einen Einfluss auf die Persönlichkeitsentwicklung von Kindern, welche Rollen ihre Eltern ihnen vorleben. Aber es ist eine psychologisch völlig unhaltbare Annahme, ein negatives Vaterbild und eine enge Bindung an die Mutter führe zu einer schwulen Entwicklung des Sohnes bzw. ein negatives Mutterbild und eine enge Bindung an den Vater bewirke bei der Tochter eine lesbische Orientierung.

Wenn übrigens Frau Schütten meint, Aids sei nur ein Problem in schwulen Beziehungen, muss allerdings darauf hingewiesen werden, dass dies keineswegs der Fall ist. Die HIV-Gefährdung betrifft heute Menschen aller sexuellen Orientierungen und beider Geschlechter und muss in allen Partnerschaften thematisiert werden.

U. R.

3. »Unser Pastor sagt, es ist eine Todsünde«

Interview

Annette Hüttig treffe ich in einem Restaurant am Chiemsee. An diesem regnerischen Tag außerhalb der Saison sind wir die einzigen Gäste.

Annette Hüttig (47), eine hübsche, etwas mollige, dunkelhaarige Frau im unauffälligen Kostüm, atmet erleichtert auf, setzt sich mit mir in eine Nische am Fenster.

»Ich würde mit meinem Mann einen Heidenkrach bekommen, wenn er wüsste, dass ich mit Ihnen rede. Aber ich tue es, weil ich glaube, dass es vielen Müttern so wie mir geht. Vielleicht könnte ich auch Eltern sagen, aber das weiß ich nicht genau. Mit meinem Mann kann ich über Ewald nicht mehr reden. Nicht mehr, seitdem unser Pastor ihn in seiner Meinung vollkommen bestätigt hat.«

»In welcher Meinung?«

Annette Hüttig sieht argwöhnisch auf meine Notizen. Unser Gespräch mit einem Tonbandgerät aufzunehmen, hat sie schon am Telefon entschieden abgelehnt.

»Sie nennen doch nicht den Namen des Pastors? Hier in Bayern ist es noch immer ein Sakrileg, öffentlich gegen einen Pastor Meinung zu beziehen. Und in unserem Ort wären wir gesellschaftlich erledigt, wenn das bekannt werden würde. Das wäre vielleicht noch zu ertragen, aber wir haben ein Geschäft und können es uns nicht leisten, es mit der Kirche und dem lieben Gott zu verderben.«

Sie blickt über den Chiemsee und zu den heute im Regen nur schemenhaft sichtbaren Bergen.

»Sie glauben nicht, wie idyllisch es hier sein kann, wenn die Sonne scheint. Aber für mich ist diese Idylle seit diesem Tag vor zwei Jahren nur noch Lug und Trug.«

Annette Hüttig rührt in ihrem Kaffee, legt dann den Löffel auf den Rand des Aschenbechers.

»Wir hatten beide keine Ahnung. Ewald war achtzehn, und hin und wieder hatte er ein Mädchen. Nichts Ernsthaftes, aber bei den Dorffesten war er bestimmt kein Außenseiter. Er hatte auch Freunde. Die meisten kannte er noch von der Schule her. Genau wie die Mädchen. Er sollte später bei uns im Geschäft arbeiten. Alles war irgendwie klar und übersichtlich. Seine vier Jahre ältere Schwester hatte zwei Monate vorher geheiratet. Auf dieser Hochzeit begann das Elend. Da war nämlich auch ein Freund unseres Schwiegersohnes aus München anwesend. Ein Musiker! Natürlich wusste mein Schwiegersohn, dass der Mann homosexuell war, aber er hatte sich nichts dabei gedacht, ihn einzuladen. Schließlich soll man ja tolerant sein. Über diese Formulierung hätte ich später lachen können, wenn es nicht so traurig gewesen wäre. Tolerant, ja, solange es nicht in der eigenen Familie ist.

Auf jeden Fall war es so, dass an diesem bewussten Abend mein Mann und ich von Freunden überraschend früh nach Hause kamen. Und wir fanden unseren Sohn in einer eindeutigen Situation mit diesem Mann in unserem eigenen Wohnzimmer. *In flagranti* heißt das ja wohl!

Mein Mann ist auf Ewald losgegangen. Er hat buchstäblich rot gesehen! Ich selbst war wie erstarrt. Ich wollte nicht glauben, was ich sah. So etwas gibt es nur im Fernsehen, dachte ich.

Noch in derselben Nacht hat Ewald ein paar Sachen zusammengepackt und ist mit diesem Mann nach München gefahren. Er wohnt immer noch bei ihm.

In meiner Verzweiflung bin ich nach einigen Wochen zu unserem Pastor gegangen. Er hat mir ruhig zugehört und dann gesagt, dass er bei einem weiteren Gespräch meinen Mann dabei haben möchte. Das hat mir Hoffnung gemacht. Ich dachte, er wollte mit meinem Mann reden, nicht zu hart gegenüber Ewald zu sein.

Aber das Gespräch verlief ganz und gar anders, als ich gedacht hatte.

Zu Anfang las er uns ein Bibelzitat vor. Ich habe es später selbst noch einmal in unserer Bibel nachgelesen und kann es jetzt auswendig:

›Wenn jemand bei einem Manne liegt wie bei einer Frau, so haben sie getan, was ein Gräuel ist, und sollen beide des Todes sterben.‹

Das steht tatsächlich in der Bibel.

Und unser Pastor setzte hinzu: ›Natürlich meinen wir heute

nicht mehr, dass man Homosexuelle wirklich töten sollte. Aber ganz bestimmt sollte man als christlicher Vater seinen Sohn aus dem Hause weisen. Ewald hat sich mit seiner schändlichen Tat außerhalb der katholischen Glaubenslehre gestellt, die Homosexualität aufs schärfste verurteilt. Homosexualität ist eine Todsünde. Und als Vater‹ – er wandte sich an meinen Mann – ›haben Sie das einzig Richtige getan, was Sie tun konnten.‹

Und zu mir sagte er dann noch: ›Beten Sie für Ihren Sohn, dass er wieder auf den rechten Weg zurückfindet. Denn Sie wissen ja auch, dass unserem Heiland ein reumütiger Sünder lieber ist als alle Pharisäer.‹

Er hat noch so einiges gesagt, aber ich habe nicht mehr zugehört. Ich war immer eine Christin und bin jeden Sonntag in die Kirche gegangen. Auch wenn mir mal nicht so danach war. Aber es hat mir ein Gefühl von Sicherheit gegeben. Außerdem habe ich wirklich an Gott und die Kirche geglaubt. Und jetzt war unser Ewald verstoßen. Nach der Bibel hätte er sogar den Tod verdient. Ich dachte an Hitler und die Konzentrationslager. Da haben sie ja außer den Juden und Kommunisten auch Homosexuelle vergast. Und plötzlich gehörte mein Kind dazu. Er hatte nur Glück gehabt, dass es heute keinen Herrn Hitler mehr gibt. Aber je länger ich über unseren Pastor nachdachte, um so zweifelhafter fand ich seine Haltung. Ich meine, dass er das Gespräch, oder vielmehr seinen Monolog, gerade mit diesem Zitat begann, zeigte ja, wie er darüber dachte. Und als er das mit ›unserem lieben Heiland‹ sagte, da hätte ich am liebsten gesagt, dass ich immer dachte, dass Jesus schon für unsere Sünden gestorben ist. Und dass er die Liebe verkündete, nicht den Tod. Aber ich war wie erschlagen.

Und mein Mann fühlte sich bestätigt.

›Ich will mit Ewald nichts mehr zu tun haben. Wenn er eines Tages mit einem anständigen Mädchen nach Hause kommt, dann ist mein Haus wieder offen für ihn. Bis dahin will ich keinen Kontakt mit ihm. Und ich erwarte, dass du das respektierst.‹

Das Gleiche sagte er auch unserer Tochter und unserem Schwiegersohn. Mein Schwiegersohn war sofort mit ihm einer Meinung. Ein homosexueller Freund, der jetzt nur noch ein Bekannter war, das war eine Sache, aber ein homosexueller Schwager, nein, das war undenkbar.

Meine Tochter hat als Erste Kontakt mit Ewald aufgenommen. Die beiden haben sich immer gut verstanden. Er war halt ihr ›kleiner Bruder‹, und den wollte sie nicht einfach fallen lassen. Durch sie habe ich dann auch Ewalds Telefonnummer in München bekommen. Die ersten beiden Male habe ich wieder aufgelegt, aber dann habe ich doch allen Mut zusammengerafft und mich gemeldet. Das klingt vielleicht eigenartig, aber nach all den Monaten hatte ich wirklich das Gefühl, ich hätte ihm ein Unrecht angetan. Obwohl ich nicht weiß, was ich damals anders hätte machen sollen. Die Situation war ja auch peinlich gewesen. Ich meine, schlimmer hätte er es uns ja nicht vor Augen führen können.

Seit einem Jahr sehe ich Ewald, wenn ich in München zum Einkaufen bin. Wir trinken dann zusammen einen Kaffee oder essen etwas. Ich erzähle von unserem Ort, vom Geschäft und den gemeinsamen Bekannten. Von denen natürlich niemand etwas weiß. Offiziell ist Ewald in München auf Jobsuche, weil er doch keine Lust hatte, in unserem Geschäft zu arbeiten. In Wirklichkeit lässt er sich von seinem Freund aushalten. Er sagt, er hat Gitarrenunterricht und fängt an, Texte zu machen. Aber das kann man ja wohl nicht als Arbeit bezeichnen. Hin und wieder nimmt er irgendwelche Aushilfsarbeiten an.«

Annette Hüttig bestellt bei der jungen Kellnerin noch einen Kaffee. Sie sieht ihr hinterher.

»Gekellnert hat er auch schon, hat er mir das letzte Mal

erzählt. Mir soll es gleich sein, was er tut, solange er überhaupt arbeitet. Aber ich befürchte, dass er durch diesen Freund, der wohl nicht unbegütert ist, in ein Milieu abrutscht, mit dem er sonst keinen Kontakt gehabt hätte. Musik, Kneipen, Homosexuelle, vielleicht Drogen, ich weiß es nicht! Aber Ewald ist noch so jung! Da ist man leicht verführbar. Das haben wir ja gesehen.

Ewald hat bei einem der Treffen einmal gesagt, dass die Gefühle nicht auf einmal da waren. Aber er hätte sie immer wieder verdrängt. Er wollte nicht anders sein. Aber er meinte auch, dass sich seine homosexuelle Veranlagung früher oder später doch durchgesetzt hätte. Und dann meinte er noch, dass früher besser wäre als später.

Ich sehe das anders. Wenn er älter gewesen wäre, wäre seine eigene Persönlichkeit stärker entwickelt gewesen.

Seit er mit diesem Mann zusammen ist, erkenne ich ihn kaum wieder. Er war immer ein hübscher Junge, aber jetzt fällt er direkt auf. Zu enge Jeans, halb offene Hemden, immer knackig braun. So laufen bei uns höchstens Touristen herum. Aber wie gesagt, das sind ja alles nur Äußerlichkeiten!

Wirklich Angst habe ich, dass er krank werden könnte. Aids, das große Schreckgespenst!

Und ich wünschte, ich könnte ihm ein Zuhause bieten. Ihm sagen, dass er jederzeit wieder nach Hause kommen kann, wenn etwas schief läuft. Aber das kann ich nicht. Ich kann mich nicht gegen meinen Mann durchsetzen. Er hat ja sozusagen mit dem Pastor den lieben Gott hinter sich.

Und das macht mich so bitter. Vielleicht wäre mit meinem Mann ohne diese harten Worte unseres ›Seelsorgers‹ noch zu reden gewesen, aber so kann ich höchstens mit meiner Tochter über Ewald reden. Sie denkt wie ich, aber um des lieben Friedens willen schweigt sie auch.

Ich finde es unchristlich, Eltern zu sagen, dass sie ein homosexuelles Kind aus dem Hause weisen müssen. Ich wäre froh, wenn Ewald nicht homosexuell wäre, aber ich kann nicht einmal mehr beten, dass er als reumütiger Sünder zurückkommt. Das klingt alles so bigott.

Ich hoffe nur, dass ich für ihn da sein kann, wenn er mich wirklich braucht. Aber das bedeutet dann wohl das Ende meiner Ehe. Ich hoffe, dass es nicht dazu kommt, aber ich weiß auch, dass Ewald mein Sohn bleibt, ob er nun homosexuell ist oder nicht.«

Kommentar

Ich meine, dass der in diesem Gespräch erwähnte bayerische Pastor aus dem Dienst entlassen werden müsste: Er dient nicht dem Leben, sondern dem Tod; nicht der Liebe, sondern dem Hass; nicht den Menschen, sondern einer Ideologie. In dieser Familie hat er eine Katastrophe angerichtet: einen um sein Geschäft fürchtenden Vater darin bestärkt, seinen erst achtzehnjährigen Sohn zu verstoßen.

Die Bibelstelle aus dem Alten Testament (3. Mose 20, 13), die er den Eltern vorgelesen hat, hat er wie ein Fallbeil benutzt. Schon das ist ein Missbrauch der Bibel. Um diesen Bibeltext zu verstehen, muss ich etwas weiter ausholen: Die Bibel ist ein Jahrtausende umfassendes Erfahrungsbuch von Menschen für Menschen, für die Menschen der damaligen Zeit. Es geht um die Erfahrungen der Menschen mit Gott; um ihre Fragen nach dem Sinn des menschlichen Lebens. Und alles, was sie in ihrer Zeit erleben, kulminiert in der Erfahrung und Erkenntnis: »Gott ist Liebe. Und wer liebt, der bleibt in Gott und Gott in ihm.« Weil wir heute noch, nach zweitausend Jahren, die Erfahrung machen, dass nur die Liebe das Leben lebenswert macht, darum können wir dieses alte Buch verstehen und darum ist dieses Buch so aktuell wie eh und je.

Nun können wir Menschen nicht anders, als in den Vorstellungen unserer Zeit zu reden. Unsere Zeit in unserer Gegend der

Welt ist eine andere als zu den Zeiten, in denen die Bücher der Bibel entstanden. Manches von dem, was wir heute wissen, konnten die Menschen der Bibel noch nicht wissen. So wussten sie z. B. nicht, dass sich die Erde um die Sonne dreht und nicht umgekehrt. Hinzu kommen viele Erkenntnisse über die Natur und auch über die Natur des Menschen. Wir wissen z. B., dass der Mensch ein bisexuelles Wesen ist, das emotionale und auch sexuelle Beziehungen zu beiden Geschlechtern eingehen kann. Und wir wissen, dass es verschiedene sexuelle Orientierungen gibt, die gleich-ursprünglich und gleich-berechtigt nebeneinander stehen: die Heterosexualität, die Homosexualität und das nicht verdrängte Empfinden für beide Geschlechter. Und wir wissen, dass auf Grund dieser Orientierungen Liebe erwachsen kann: eines Mannes zu einer Frau – einer Frau zu einem Mann – einer Frau zu einer Frau – eines Mannes zu einem Mann.

Das wussten in dieser Klarheit die Menschen der Bibel noch nicht. Und darum konnten sie dazu auch nichts sagen. Wenn es in dem Text, den der Pastor den Eltern um die Ohren schlägt, heißt, dass der Mann nicht bei einem anderen Mann liegen soll wie bei einer Frau, so ist damit gemeint, dass sich ein Mann nicht zu einer Frau machen soll. Das verstehen wir heute nur, wenn wir uns klarmachen, dass in patriarchalen Verhältnissen ein Mann durch die sexuell aktive Rolle und eine Frau durch die sexuell passive Rolle definiert wurde. Ein Mann musste »penetrieren«, eine Frau musste »empfangen«. Männer, die sich penetrieren ließen, also beim Analverkehr, verloren ihre »männliche Würde«.

Wir erleben in unserer Gesellschaft die Auflösung des Patriarchats, der absoluten Herrschaft der Männer; und wir Männer machen unsere »Männlichkeit« zum Glück immer weniger abhängig von einer »aktiven« Rolle beim Sexualverkehr.

Damit wird deutlich, dass die Auffassungen der Männer zur Zeit der Bibel zeitgebunden sind – was bedeutet, dass sie überholt sind und für uns keine Geltung mehr haben können: so wie auch das Weltbild der Bibel, die so genannte »Käseglocke«, für uns keine Geltung mehr haben kann.

In keiner Weise überholt aber ist das Wissen der Bibel darum, dass es auf die Liebe ankommt und dass erst die Liebe die Sexualität, die genitale Sexualität, zum vollen Leben bringt. Davon ist in der Bibel in völlig partnerschaftlicher Weise im Hohen Lied Salomos die Rede, allerdings nur in Liedern zwischen Mann und Frau. Eine Sammlung gleichgeschlechtlicher Liebeslieder gibt es in der Bibel nicht. Daraus kann man nur schließen, dass die homosexuelle Liebesfähigkeit in der Bibel noch nicht erkannt wurde, wenn wir einmal von der intensiven Freundschaft zwischen David und Jonathan absehen. Zu Recht hat darum die Landessynode der Evangelischen Kirche des Rheinlandes 1992 erklärt: »Die Bibel nimmt anlagebedingte und partnerschaftliche Homosexualität und homosexuelle Liebe nicht wahr«. Für homosexuell liebende Menschen ist die Situation im Blick auf die Bibel ähnlich wie für Frauen heute: Auch sie können sich in vielen Bibeltexten nicht wieder finden, da sie ganz vom Patriarchat bestimmt sind. Welche Frau wollte sich z. B. heute noch das »Reden in der Gemeinde« verbieten lassen, wie es vom Apostel Paulus verlangt wurde? Aber natürlich lesen auch Frauen dieses Buch mit Gewinn, wenn sie danach fragen, wie sie ihrem Leben Sinn geben können. Das gilt auch für homosexuell liebende Menschen. Ohne weiteres können sie die heterosexuellen Lieder des Hohenliedes auf ihre Liebesbeziehungen übertragen, denn sie lieben nicht anders.

Das alles hätte jener Pastor den Eltern von Ewald sagen müssen, wäre er ein kundiger Bibelausleger und verantwortlicher Seelsorger gewesen.

Allerdings muss leider gesagt werden, dass die offizielle, also vatikanische Doktrin in Rom – völlig im Gegensatz zur Meinung der meisten Katholiken an der Basis – immer noch an der Auffassung festhält, dass die Sexualität des Menschen ausschließlich der Zeugung neuen Lebens zu dienen habe und dass homosexuell orientierte Menschen darum auf die Ausübung ihrer

Sexualität zu verzichten hätten. Diese Forderung des Zölibats für homosexuelle Menschen beruht auf einer Ideologie, die weder wissenschaftlich noch lebenswirklich eine Grundlage hat.

Ich zitiere hier die Aussage eines jungen Katholiken, der sich gegen die Doktrin seiner Kirche zu seinem Schwulsein bekannt hat: »Ich bleibe bewusst katholisch, weil ich mir die Verbindung Schwulsein – Katholischsein nicht von Kirchenbeamten abschwätzen lasse. Beides gehört untrennbar zu mir, und ich habe entdeckt, wie vielen Leuten es ähnlich geht. Ich fühle mich nun frei und befreit und kann Gott für mein Leben danken, welches durch die Tiefen hindurch reicher und intensiver geworden ist«.

Allen homosexuell liebenden Söhnen und Töchtern und ihren Eltern, die in der römisch-katholischen Kirche bleiben wollen, möchte ich sagen: »Seid bewusste und mündige Christen! Lernt es, zu unterscheiden zwischen Gott, der jeden Menschen liebt, und dem Papst, der eine Auswahl trifft; zwischen dem Evangelium Jesu und der Kirche, die seine Botschaft auch verdunkelt hat. Hört auf eure Sehnsucht nach Liebe! Lasst euch nicht vorschreiben, welche Liebe ›in Ordnung‹ ist und welche angeblich nicht. Wenn ihr liebt, tut ihr nichts anderes, als dem Gebot Gottes zu folgen: einander zu lieben.«

Frau Hüttig, die Mutter von Ewald, muss also »umlernen«: An Gott glauben: ja. Er verkündet, wie sie richtig sagt, die Liebe, nicht den Tod. An die Kirche glauben: nein. Sie hat in ihrer Geschichte oft genug den Tod gepredigt.

Ich wünsche Frau Hüttig Mut, sich hinter ihren Sohn zu stellen. Er braucht sie – er braucht noch ein Zuhause: eine »Flucht- und Trutzburg«, in der er sein kann, wie er ist. Das kann bedeuten, dass Frau Hüttig gegen die falsche Autoritätssäule: *Ehemann – Pastor – Gott* revoltieren muss. Vielleicht bedeutet das dann, wie sie selbst befürchtet, das Ende ihrer Ehe. Aber ob sie mit dem Gefühl, den Sohn verstoßen zu haben, wirklich leben kann?

H.-G. W.

4. »Es dreht sich um den Menschen, nicht um das Geschlecht«

Interview

Die Türglocke schlägt mit einem dezenten Ding-Dong an. Beinahe unmittelbar danach öffnet Gerhard Kromme (73) die schwere Eichentür, schüttelt zur Begrüßung meine Hand so herzlich, als wären wir alte Freunde.

»Wie schön, Sie zu sehen!«

Er schüttelt immer noch meine Hand.

Lisbeth Kromme (69) schiebt ihren Mann sanft, aber resolut zur Seite.

»Nun lass die Dame erst einmal herein!«

In dem gemütlichen Wohnzimmer in L-Form fällt mein Blick als Erstes auf einen drei Meter langen Nussbaumschrank, hinter dessen gläsernen Türen ein altenglisches Service mit feinen Jagdmotiven blitzt und blinkt.

»Wir haben eine große Familie«, sagt Lisbeth Kromme, »acht Kinder, Schwiegertöchter, Schwiegersöhne und Enkelkinder, und als wir unsere Bäckerei verkauften, haben wir uns diesen Luxus gegönnt.«

Ihre Handbewegung geht von dem vierundzwanzigteiligen Essservice hinter Glas zur weiteren Einrichtung, einem kompakten Schreibtisch, einem großen ovalen Esstisch mit acht Stühlen, einer gemütlichen, beige-rot gestreiften Couchgarnitur.

»Aber wohl gefühlt haben wir uns früher auch«, sagt ihr Mann, »auch als wir noch jeden Groschen umdrehen mussten.«

Ein Blick des Einverständnisses zwischen den Eheleuten.

Aus der Küche kommt der Geruch von frischem Kuchen.

»Ich backe immer noch«, erklärt Gerhard Kromme. »Man kennt mich schließlich. Und wenn irgendwo eine Feier ist, ein Geburtstag, eine Hochzeit oder ein Jubiläum, dann habe ich oft alle Hände voll zu tun.«

Lisbeth Kromme verabschiedet sich.

»Ich bin im Kirchenchor. Für die Ostermesse müssen wir unser Repertoire noch ein wenig auffrischen.«

Ihr Mann winkt ihr vom Fenster hinterher, setzt sich dann mir gegenüber in den einladenden Sessel.

»Für meine Frau ist der Chor auch ein sozialer Kontakt. Seit wir die Bäckerei verkauft haben, muss sie sich ja auch anderweitig beschäftigen.

Vierzig Jahre lang hat sie hinter der Theke gestanden. Jetzt brauchen wir nur noch zu tun, wozu wir Lust haben.«

»Welche Rolle spielt die Kirche in Ihrem Leben?«

Gerhard Kromme streicht sich nachdenklich über seinen kahlen Schädel. Ein weißer Haarkranz umgibt sein rosig durchblutetes Gesicht.

»Wir sind beide engagiert in der Kirchenarbeit. Ich helfe bei der Kollekte, schmücke die Altäre, und die Lisbeth betreut Alte und Kranke. Aber das ist die eine Seite. Wenn Sie wissen wollen, was ich von der Kirche als Institution halte, so kann ich nur sagen, sie kommt mir vor wie ein großes Kasperletheater. Das ist doch überhaupt nicht mehr zeitgemäß. Also wie die Kirche sich zu gewissen Fragen äußert, da kann ich nur den Kopf schütteln.«

»Meinen Sie zur Frage der Homosexualität?«

»Nicht nur. Auch die immer noch vorhandene Herablassung gegenüber Frauen, da habe ich nichts mit am Hut. ›Das Weib sei dem Manne untertan!‹

Also, ich wollte schon vor vierundvierzig Jahren eine Kameradin, keine, die den Kopf einzieht. Wir bekamen dann zwar acht Kinder, aber das war damals eben so. Als die Pille kam, war es vorbei mit: ›Seid fruchtbar und mehret euch!‹ Verstehen Sie mich nicht verkehrt, wir sind froh über jedes Kind gewesen, aber nachdem unsere jüngste Tochter behindert geboren wurde, da wussten wir, dass es genug war.«

»Erzählen Sie mir bitte von Grady!«

»Ja, Grady ist unsere Älteste. Dreiundvierzig ist sie letzten Monat geworden. Karriere hat sie gemacht, die Grady, erst Soziologie studiert und dann noch klinische Psychologie. Eine gute Stellung hat sie am Universitätskrankenhaus. Dort wissen sie auch, dass sie lesbisch ist, aber das ist nie ein Problem gewesen. Jedenfalls hat Grady nie etwas darüber erzählt.«

»Wann haben Sie Gradys Veranlagung bemerkt?«

»Wenn ich ehrlich bin: überhaupt nicht. Sie müssen sich vorstellen, dass wir damals von morgens um vier Uhr bis abends um zehn Uhr gearbeitet haben. Und dann die Kinder! Wir hatten wirklich alle Hände voll zu tun. Und Grady war ein prima Mädchen. Hat von klein auf mitgeholfen, war immer fröhlich. Wenn sie bei mir in der Backstube war, stand ihr Mund keine Minute still. Sie wollte die Welt verbessern, alles verändern. Sie glauben ja nicht, was man damals in einer Bäckerei alles hörte. Meine Frau war am frühen Morgen oft die Erste, der die Frauen ihr Leid klagten, und Grady stand oft daneben. Hörte vieles, was vielleicht nichts für ein Kind ist, aber wir waren immer der Auffassung, dass so nun mal das Leben sei, und früher oder später würde sie doch lernen, wie unsere Gesellschaft ist. Und meine Frau und ich wollten keine Duckmäuser. Und wir machten auch keinen Unterschied, ob es sich um einen Jungen oder um ein Mädchen handelte.

Meine vier Mädchen sollten die gleichen Möglichkeiten haben, wie die vier Jungen. Es dreht sich um den Menschen, nicht um das Geschlecht!«

»Hat Grady sich Ihnen dann anvertraut?«

»Ja, wir gingen sonntags oft zusammen spazieren. Das war eine liebe Gewohnheit. Sie studierte damals schon, wohnte aber noch zu Hause.

›Ich muss dir etwas sagen, Vater‹, sagte sie, nachdem wir eine Zeit lang schweigend nebeneinanderher gelaufen waren. ›Ich habe auf der Uni eine Frau kennen gelernt. Und die ist meine Freundin geworden.‹ Sie sah mich von der Seite her an. ›Du verstehst, was ich sagen will: *meine* Freundin!‹

Ja, ich verstand sie sofort. Es war die Art, wie Grady es sagte. Und obwohl ich nie daran gedacht hatte, war ich doch nicht wirklich überrascht. Grady hatte davor mal einen Freund gehabt. Ein netter, junger Mann, der Theologie studierte. Aber ich habe nie gemerkt, dass sie verliebt in ihn war. Und bei all unseren Gesprächen war sie so eine überzeugte Feministin. Mir hat das gefallen, aber ich habe mich im Stillen oft gefragt, welcher Mann so einer Frau gewachsen sei: intelligent, kritisch, unbequem. Nun weiß ich zwar, dass das noch nicht bedeutet, dass jemand lesbisch wird, aber es hat mich auch nicht umgehauen. Ich blieb stehen und nahm sie in den Arm: ›Es ist dein Leben, Grady‹, sagte ich, ›und wenn du mit einer Frau glücklich wirst, dann musst du das selbst entscheiden.‹ Und das war auch meine hundertprozentige Überzeugung. Ich war allerdings auch überzeugt, dass ihr Leben sich dadurch schwieriger gestalten würde. Als Grady mir sagte, dass sie lesbisch sei, war sie neunzehn Jahre alt, und Homosexualität war ein Tabu. Ich dachte an berufliche Schwierigkeiten, und dass sie nie Kinder haben würde. Aber ich wusste auch, dass sie die Schwierigkeiten meistern würde. So ein Mädchen war sie. Ich fragte sie also nur, wie lange sie es schon wüsste. Sie lachte ein wenig. ›Ach, Vater, was heißt schon wissen? Richtig weiß ich es erst, seitdem ich Ulla kennen gelernt habe. Ich habe allerdings oft darüber nachgedacht, warum ich mich nie in einen Jungen verliebt habe. Auch mit Michael (das war der Theologiestudent) spielte Verliebtheit keine Rolle. Wir konnten gut miteinander reden, wir haben auch mal miteinander geschlafen, aber das stimmte irgendwie nicht. Ja, und mit Ulla fielen auf einmal die Puzzlestücke auf den richtigen Platz.‹

Irgendwie leuchtete mir das ein. Man verliebt sich ja wohl auch in erster Linie in einen Menschen, nicht in sein Geschlecht.

Abends hat Grady es dann ihrer Mutter erzählt, und die hat genau wie ich reagiert.

›Es ist dein Leben, mein Kind. Die Hauptsache ist, dass du glücklich wirst.‹

Ich sagte ja schon, unsere jüngste Tochter ist körperlich behindert. Erika kam mit beschädigten Hüftgelenken auf die Welt. Sie hat jahrelang im Rollstuhl gesessen und viele Operationen über sich ergehen lassen müssen. Dann merkt man, wie wichtig Gesundheit ist. Ich meine, das weiß man sowieso, aber es wird einem mit einem behinderten Kind jeden Tag wieder vor Augen geführt. Vielleicht, dass wir auch dadurch Gradys Veranlagung relativieren konnten. Wir sind froh, wenn unsere Kinder ihren Weg gehen, und bei Grady waren wir überzeugt, dass sie es schaffen würde. Sie würde sich von niemandem unterkriegen lassen. Schwierigkeiten würden sie eher dazu bringen, sich noch mehr durchzusetzen. Und so ist es ja auch gekommen. Sie hat ihre zwei Studien mit viel Erfolg beendet und lebt seit zehn Jahren mit einer Frau zusammen. Mit Ulla war sie ungefähr fünf Jahre zusammen. Ihre Lebensgefährtin Hanna ist fünf Jahre älter als Grady und uns genauso lieb wie unsere anderen Schwiegertöchter.«

»Erzählen Sie mir noch von Nicolette?«

»Ja, bei Nicolette war alles ein wenig schwieriger. Aber wenn man acht Kinder hat, ist jedes Kind wieder anders. Nicolette war immer viel verschlossener als Grady. Sie half nicht so gerne in der Bäckerei mit und war überhaupt in der Pubertät besessen vom Widerspruchsgeist. Wir hatten in der Zeit mit Erika viel um die Ohren, und sie fühlte sich wohl hin und wieder benachteiligt. Auf jeden Fall ist sie mit achtzehn von zu Hause weggelaufen. Sie hatte keine Lust mehr mitzuhelfen und sie wollte für sich allein wohnen. Wir haben nichts dagegen unternommen, obwohl man damals ja erst mit einundzwanzig volljährig wurde. Wir dachten: Sie kommt schon wieder. Nicht, dass es uns keinen Kummer bereitet hätte, aber sollten wir sie an den Haaren wieder nach Hause ziehen? Das hätte doch nur noch mehr Ärger und Auseinandersetzungen gegeben.

Zwei Jahre lang war der Kontakt mit Nicolette unterbrochen, dann begann sie, wieder anzurufen. Wir haben ihr keine Vorwürfe gemacht, uns nur gefreut, dass sie sich wieder meldete. Und dann fragte sie, ob sie nächsten Sonntag kommen dürfte. Und sie würde jemanden mitbringen. Dieser ›Jemand‹ war eine Freundin. Nicolette wusste natürlich von ihrer älteren Schwester Grady, dass wir mit Homosexualität keine Probleme hatten. Aber vielleicht hatte sie selbst Probleme, sich zu ihrer Veranlagung zu bekennen. Wir haben sie einmal gefragt, ob sie deswegen von zu Hause weggelaufen sei. Sie verneinte es. Aber das heißt ja noch nicht, dass es wirklich nichts damit zu tun hatte. Vielleicht wollte sie sich ohne den ganzen Familienclan über sich selbst klar werden. Und das ist ihr dann ja auch gelungen.

Nicolette lebt seitdem mit Anita zusammen. Sie haben bei einem Notar auch einen Kontrakt unterzeichnet. Wer was erbt, wenn einer der beiden Frauen etwas passiert, und wer für das Kind sorgt.«

»Das Kind?«

»Ja, seit zwei Jahren haben Nicolette und Anita zusammen einen kleinen Jungen. Peter heißt er. Nicolette hat sich in den Niederlanden künstlich befruchten lassen. Wir wohnen hier ja dicht an der Grenze. In Deutschland ist künstliche Befruchtung bei lesbischen Paaren immer noch beinahe unmöglich. Zumindest erzählte mir das Nicolette. Selbst weiß ich es nicht. Also sind die beiden Frauen deswegen in den Niederlanden gewesen. Nicolette wollte die biologische Mutter werden. Und beim siebten Mal hat es dann mit der künstlichen Befruchtung geklappt. Wer der biologische Vater ist, wissen wir nicht. Die beiden Frauen übrigens auch nicht. Das wird wohl anonym gehalten.

Meiner Frau und mir macht das nichts aus. Es ist das Kind unserer Tochter und damit unser Enkelkind, genauso wie die anderen sechs Enkelkinder.« Gerhard Kromme steht auf und holt von einem kleinen runden Beistelltisch eines der vielen Fotos im Silberrahmen.

»Hier, das sind die glücklichen Eltern mit ihrem kleinen Peter!« Zwei lachende Frauen tragen auf ihren ineinander verschränkten Armen einen kleinen Jungen, der verschmitzt in die Kamera schaut. Er hat das gleiche Grübchen am Kinn wie sein Großvater.

»Vor kurzem war mal eine Bekannte hier, die hat sich auch die Fotos alle angeschaut. Sind ja auch unser ganzer Stolz. Bei dem Foto von Nicolette, Anita und Peter schüttelte sie nur den Kopf. ›Entsetzlich, nicht wahr?‹, sagte sie. Ich musste mich richtig beherrschen, kann ich Ihnen sagen. Aber ich habe dann nur gesagt: ›Ich weiß wirklich nicht, was daran entsetzlich ist. Die beiden Frauen sind glücklich, der kleine Peter ist gesund, also, wo liegt das Problem?‹ Die Bekannte war ziemlich konsterniert. Sie dachte wohl, dass ich ihrer Ansicht sei, weil wir ja eigentlich eine ganz und gar bürgerliche Familie sind. Aber ich glaube nicht, dass das etwas damit zu tun hat. Man braucht nicht studiert zu haben, um zu wissen, was im Leben wichtig ist.

Ich mache auch ansonsten keinen Hehl aus meiner Meinung. Ganz bestimmt nicht, wenn es um Homosexualität geht. Wenn jemand in meiner Anwesenheit blöde Witze über Schwule oder Lesben macht, dann werde ich sauer. Egal, wo das ist. Letztens habe ich am Stammtisch auch jemanden angefahren. Der erzählte so einen bescheuerten Witz über zwei Schwule. ›Ich habe auch zwei Töchter‹, habe ich gesagt. ›Die sind lesbisch. Und das sind zwei prima Mädchen.‹ Dann sagt keiner mehr etwas. Und gestern, beim Bridge, da habe ich von unserem heutigen Interview erzählt. Und warum es wichtig ist, dass man über Homosexualität schreibt und spricht. Und da sagte mir hinterher ein Bridge-Partner, dass er das ganz toll fände. Er hätte auch einen homosexuellen Sohn, aber er hätte noch nie mit Bekannten darüber geredet. Weil man ja nie wissen könne, wie die Leute darauf reagieren würden.

Meine Erfahrung ist, dass man besser offen darüber sprechen kann. Es ist keine Schande, so eine Veranlagung zu haben. Wir haben es jedenfalls nie so empfunden. Wir haben uns auch nie Vorwürfe gemacht. Damit wird man geboren, glaube ich, wie unsere Erika mit ihren Hüftgelenken. Womit ich *nicht* sagen will, dass Homosexualität eine Behinderung ist. Aber sie ist von Gott gegeben. Denn gläubig sind wir schon. Und wenn Gott einen so erschaffen hat, dann muss man das akzeptieren und das Beste daraus machen. Wie aus jeder anderen Veranlagung oder Begabung.

Gradys und Nicolettes Brüder und Schwestern denken darüber genauso. Wir haben alle einen ausgeprägten Familiensinn, und auf unseren Geburtstagen sind wir immer beieinander. Da wird über alles Mögliche geredet und diskutiert. Aber die Veranlagung von Grady und Nicolette ist kein Thema mehr, weil die beiden auch ihren Platz in der Gesellschaft gefunden haben. Was das betrifft, habe ich mir unnötig Sorgen gemacht. Ich meine damals, als Grady mir erzählte, dass sie lesbisch sei.

Anita, Nicolettes Lebensgefährtin, hat gerade eine neue, leitende Position bei einem Institut als Ressortleiterin bekommen. Da habe ich sie wohl gefragt, ob sie bei der Bewerbung etwas von ihrer lesbischen Veranlagung erzählt habe. Sie hat nur den Kopf geschüttelt. ›Vater, ich bin auf Grund meiner Qualifikation für den Job angenommen worden. Dann spielt es keine Rolle, mit wem ich zusammenlebe oder nicht.‹

Und ich finde, damit hat sie Recht. Deswegen halte ich es auch für Unsinn, wenn man bei der Besetzung einer offenen Arbeitsstelle von ›positiver Diskriminierung‹ spricht. Das heißt ja dann wohl, dass man überhaupt positiv diskriminieren kann. Das ist doch ein Widerspruch in sich selbst! Es sollte sich, in welchem Bereich auch immer, nur um den Menschen handeln, nie um das Geschlecht!«

Kommentar

Ich halte Herrn Krommes Formulierung »Wenn Gott einen so erschaffen hat, dann muss man das akzeptieren und das Beste daraus machen wie aus jeder anderen Veranlagung oder Begabung« für den Kernsatz dieses Interviews. Er drückt am besten die *vorurteilsfreie Wertschätzung* des Vaters aus, der die gleichgeschlechtliche Orientierung seiner beiden Töchter nicht als Bürde oder peinliche Tatsache, die es zu verschweigen gilt, erlebt, sondern sie als »Begabung« bezeichnet, das heißt im biblischen Sinne als eine von Gott geschenkte Fähigkeit, die entwickelt, genutzt und gelebt werden soll.

Diese Freiheit von Vorurteilen und die Selbstständigkeit im Denken und Handeln, wie Herr Kromme sie in diesem Interview von seiner Frau und sich selbst schildert, zeigen sich auch im Hinblick auf ihre *Haltung gegenüber der Kirche.* Herr Kromme differenziert hier zwischen seinem Engagement im Gemeindeleben und der Institution Kirche mit ihren Glaubensvorschriften. Wenn er die Letztere als »großes Kasperletheater« bezeichnet und auf die Widersprüche zwischen unserem heutigen Leben und manchen – stark historisch geprägten – Aussagen der Bibel hinweist, wird deutlich, dass er ein kritischer Mensch und mündiger Christ ist. Diese Selbstständigkeit und das dahinter stehende Selbstbewusstsein hat er zweifellos auch seinen Töchtern mitgegeben und kann deshalb voller Vertrauen sagen, er sei stets sicher gewesen, dass die Töchter ihren Weg machen würden.

Ein spezielles, in diesem Interview angesprochenes Thema ist das der *künstlichen Befruchtung*. Es ist nach wie vor eines der am meisten kontrovers diskutierten Themen. Das Aufwachsen von Kindern bei gleichgeschlechtlichen Paaren wird von homosexualitätsfeindlichen Kreisen als »unzumutbar« für die Entwicklung dieser Kinder bezeichnet, und in den meisten Ländern, die Partnerschaftsgesetze für Lesben und Schwule geschaffen haben, sind das Adoptionsrecht und das Recht auf künstliche Befruchtung nicht in diese Gesetze aufgenommen worden. Das Argument gegen das Aufwachsen von Kindern bei gleichgeschlechtlichen Paaren lautet vor allem, diesen Kindern fehle der gegengeschlechtliche Elternteil, den sie zu ihrer Identitätsbildung dringend benötigten. Nur am Rande sei hier bemerkt, dass Ein-Eltern-Familien sich mit dem gleichen kritischen Argument konfrontiert sehen. Ihnen wird ebenfalls vorgehalten, diese Familienform stelle eine Gefährdung für die psychische und soziale Entwicklung dieser Kinder dar, was die Frauen, die die Ein-Eltern-Familien führen (und diese Konstellation ist ja die weitaus häufigste), in die Defensive drängt und bei ihnen nicht selten zu schweren Schuldgefühlen führt.

Wie steht es tatsächlich mit Kindern, die in »*Regenbogenfamilien*« (so in Deutschland die Selbstdefinition gleichgeschlechtlicher Paare mit Kindern) aufwachsen? Diesbezüglich sind wir heute keineswegs auf vage Vermutungen angewiesen, sondern besitzen, wie übrigens auch in Bezug auf Ein-Eltern-Familien, Befunde aus – zum Teil über viele Jahre sich erstreckenden – Studien, in denen über die Entwicklung solcher Kinder berichtet wird. Das Hauptresultat lautet: Diese Kinder entwickeln sich genauso wie Kinder, die bei heterosexuellen Paaren aufwachsen. In mancherlei Hinsicht, etwa in Bezug auf soziale Kompetenzen und die Sensibilität für die Geschlechterrollen und damit zusammenhängende Diskriminierungen, sind sie den Kindern aus traditionellen heterosexuellen Familien sogar überlegen. In den entsprechenden Studien hat man eine Fülle von Persönlichkeitsmerkmalen und Verhaltensweisen dieser Kinder untersucht: bevorzugtes Spielzeug, Idole (Filmschauspielerinnen und -schauspieler, Stars aus der Musikszene, aus Sport und weiterer Öffentlichkeit), soziales Verhalten, intellektuelle und moralische Entwicklung, bis hin zur Frage, ob die Kinder aus Regenbogenfamilien häufiger als andere Kinder selbst lesbisch oder schwul würden (eine diskriminierende Frage, drückt sich darin doch die Vorstellung aus, es sei etwas Negatives, lesbisch oder schwul zu sein). Im Hinblick auf alle untersuchten Persönlichkeitszüge und Verhaltensweisen ließen sich keine Unterschiede zwischen Kindern aus Regenbogenfamilien und solchen aus heterosexuellen Familien feststellen.

Im Grunde sind diese Befunde nicht erstaunlich. Hierfür lassen sich vor allem die folgenden beiden Gründe nennen:

Zum einen entstammen viele in Regenbogenfamilien aufwachsende Kinder vorausgegangenen heterosexuellen Beziehungen. Wenn lesbische Mütter und schwule Väter sich outen und eine gleichgeschlechtliche Partnerschaft eingehen, bleiben sie ja die gleichen Menschen und verlieren durch ihr Coming-out nicht ihre erzieherische Kompetenz. Sie sind in Regenbogenfamilien die gleich »guten« Eltern wie in der früheren heterosexuellen Familienkonstellation.

Zum anderen wissen lesbische Mütter und schwule Väter, die mit ihren Kindern in Regenbogenfamilien leben, darum, dass sie sich in einer speziellen Familienkonstellation befinden, und sind in besonderer Weise um das Wohlergehen ihrer Kinder bemüht. Dazu gehört beispielsweise, dass Frauenpaare (Regenbogenfamilien sind meistens dies) sehr darauf achten, dass die Kinder Kontakt zu ihrem leiblichen Vater haben. Deshalb kann man bei diesen Kindern keineswegs davon sprechen, sie wüchsen ohne männliche Bezugs- und Identifikationsperson auf. Hinzu kommt, dass es männliche Personen ja auch im weiteren Umfeld dieser

Kinder gibt, mit denen die Kinder sich identifizieren und im Rahmen ihrer Selbstfindung auseinander setzen können (wie dies Kinder aus Ein-Eltern-Familien auch tun). Angesichts ihrer speziellen Situation achten lesbische Mütter und schwule Väter auch sehr auf die soziale Integration ihrer Kinder, etwa in der Schule und im Kameradenkreis. Deshalb kommt es im Allgemeinen auch nicht zu der von Kritikern der Regenbogenfamilien immer wieder ins Feld geführten Ausgrenzung, die diese Kinder angeblich in der Schule und im Freundeskreis erführen. Eltern in Regenbogenfamilien sind nicht ungewöhnlich begnadete Erzieherinnen und Erzieher. Aber sie gehen besonders umsichtig mit ihrer Situation um, weil sie sich der möglichen Probleme ihrer Familienkonstellation bewusst sind.

Im Hinblick auf die künstliche Befruchtung, die Nicolette, die eine der beiden lesbischen Töchter der Familie Kromme, vorgenommen hat, sehen sich lesbische Paare einer besonders schwierigen Situation gegenüber. In den meisten europäischen Ländern wird die künstliche Befruchtung nur heterosexuellen Paaren gewährt. Lesbische Frauen müssen sich entweder einen privaten Samenspender (z. B. einen schwulen Mann, der ein Kind möchte) suchen oder den Samen bei einer Samenbank im Ausland (meist in Holland oder in Skandinavien) beziehen. Dabei bleiben die Spender zum Teil anonym, zum Teil sind sie den Frauen aber auch namentlich oder persönlich bekannt. Je nach Wunsch des Samenspenders und nach Einstellung der lesbischen Frau kann der biologische Vater in mehr oder weniger regelmäßigem Kontakt mit dem Kind stehen und in die Erziehung des Kindes einbezogen werden. Oder er bleibt außerhalb der Regenbogenfamilie und steht dem Kind nur zur Verfügung, wenn dies im späteren Kindes- oder Jugendalter den leiblichen Vater kennen lernen möchte.

U. R.

5. »Ich fiel in ein tiefes Loch«

Interview

»An diesem Tisch saß ich«, sagt Bertha Lehmkühler und streicht mit ihren Händen über die blank gescheuerte Tischplatte mit den dunkelbraunen Einkerbungen, »an diesem Tisch saß ich und wartete auf den Brief, den Jürgen mir geschickt hatte und der heute eintreffen sollte.

›Ich schreibe dir einen Brief‹, hatte er zu mir gesagt, ›und dann bleibe ich neben dem Telefon sitzen, bis du anrufst. Wenn du nicht anrufst, dann weiß ich, dass alles vorbei ist.‹

Ich begriff überhaupt nicht, was er damit meinen könnte.

Ich habe versucht, in ihn zu dringen, ihn gefragt, was los sei, aber er wandte seinen Kopf ab und sah mich nicht an.

›Du wirst es lesen‹, wiederholte er nur.

›Lasst ihr euch scheiden‹, bohrte ich doch noch, ›ist es das?‹

Mir war aufgefallen, dass seine Ehe nicht gut war. Wenn seine Frau auch nur einmal den Arm um ihn legte, zuckte er zusammen, wich aus. ›Lass das, Marie‹, sagte er dann.

Wie hält sie das aus, habe ich mich oft gefragt, aber ich hatte nicht das Recht, mich in ihre Beziehung zu mischen.

Eine Scheidung, überlegte ich an diesem Morgen, bevor der Briefträger kam, eine Scheidung wäre schlimm. Außerdem war Jürgen als Organist an einer katholischen Kirche verpflichtet, entsprechend der Glaubenslehre zu leben. Das hatte er auch bei seiner Einstellung unterschreiben müssen. Aber vielleicht könnten die beiden sich nur von Tisch und Bett trennen? Dann wäre der Kirche und ihren Dogmen auch Genüge getan.«

Bertha Lehmkühler sieht mich aus großen, wachen Augen an, eine dunkle Locke fällt ihr in die Stirn.

»Ich war so schrecklich naiv. Dabei war ich vor elf Jahren, als sich unser Leben so entscheidend veränderte, Mitte fünfzig, Mutter von vier Söhnen und seit zweiunddreißig Jahren glücklich verheiratet. Wir waren kirchlich sehr engagiert, ich sang im Kirchenchor, wir diskutierten nächtelang mit unseren Söhnen über Lebens- und Glaubensfragen. Ich wollte die Kinder ›bei der Stange‹ halten, auch wenn uns nicht alles gefiel, was da aus Rom verkündet wurde. ›Es geht doch um die praktizierende Kirche‹, sagte ich immer wieder, ›und die sind wir doch selbst. Wir müssen uns jeden Tag wieder aufs neue für unser christliches Zusammenleben einsetzen.‹ Unsere Söhne hatten natürlich viele neue Ideen, über die weder mein Mann noch ich vorher nachgedacht hatten. Aber wir sahen ein, dass man auch außerhalb der Kirche für den Frieden Flagge zeigen sollte. So waren mein Mann und ich bei den Demonstrationen in Wackersdorf in der ersten Reihe, und in Bonn liefen wir Hand in Hand mit unseren Söhnen in einer weiteren Friedensdemo.«

Bertha Lehmkühler lächelt bei der Erinnerung, schüttelt dann den Kopf.

»Ich muss auf einmal an eine kleine Begebenheit denken. Jürgen fragte, welcher Gruppe wir uns denn anschließen sollten. Bei der Demo in Bonn, meine ich. Er wies auf eine Schwulengruppe und sagte: ›Wir können ja bei denen mitlaufen.‹

Ich hielt das für einen Witz und meinte, dass ich mich lieber der Kirchengruppe anschließen würde. Natürlich habe ich mir nichts dabei gedacht.

Ich habe überhaupt nicht weiter gedacht als an Scheidung, und wie schlimm das für ihn sei und wie wir ihm helfen könnten.

Erstaunt hat mich an diesem Vormittag nur, dass auch meine drei anderen Söhne in der Wohnung waren. Keiner von ihnen wohnte noch zu Hause, da auch der Jüngste schon studierte. Irgendwie war es, als erwarteten sie alle drei den großen Knall – nur ich hatte keine Ahnung, was das für ein Knall sein könnte. Ich wusste nur, dass etwas Furchtbares geschehen würde.

Ja, und dann kam der Brief. Jürgen schrieb mir, dass er schwul sei. Er hätte mit seiner Frau viel darüber geredet, aber er könne einfach so nicht mehr weiterleben.

Er könne sowieso nicht sein Leben lang Versteck spielen. Als er geheiratet hätte, sei ihm nicht bewusst gewesen, dass er homosexuell sei. Seine sexuelle Zurückhaltung vor der Ehe hatte er sich selbst mit Respekt vor seiner Frau und mit seiner Religiosität erklärt.

Ich las den Brief und konnte nur noch weinen. Meine Söhne saßen um diesen Tisch herum und warteten. Keiner sagte etwas. Und dann griff ich zum Telefon und rief Jürgen an.

›Komm her‹, sagte ich, ›bitte, komm sofort hierher.‹

Er kam, und wir fielen uns in die Arme. Wir weinten. Seine Brüder zogen sich ins Wohnzimmer zurück. Er hatte es ihnen schon vorher erzählt, und sie hatten ihm gesagt, dass es zwar ein schwerer Schock für mich sein würde, aber dass er immer auf mich zählen könne.

Und das war natürlich auch so.

Aber doch war Jürgens Eröffnung für mich, als täte sich der Boden unter mir auf. Ich fiel in ein tiefes Loch. Was wusste ich über Schwule?

›Frage mich, was du willst, Mama‹, sagte Jürgen. ›Wir müssen wirklich lernen, darüber zu reden.‹

Also nahm ich meinen ganzen Mut zusammen. Schließlich ist es etwas anderes, mit dem Sohn über Gott und die Kirche, über Frieden und Freiheit zu reden, als darüber, dass er homosexuell ist.

›Wir nennen uns lieber schwul‹, sagte er. ›Dieses Schimpfwort aus der Nazizeit ist so etwas wie ein Kampfwort für uns geworden.

Damals wurden Schwule gejagt und in den Konzentrationslagern vergast. Wir nennen uns heute bewusst *schwul,* nicht als Provokation, sondern um zu unserer Veranlagung zu stehen. Außerdem betont *homosexuell* immer nur die sexuelle Seite, und das ist es ja nicht allein. Es ist eine andere Art zu leben.‹

Aber gerade die sexuelle Seite brachte mich so in Verwirrung. Jürgen bemerkte das natürlich.

›Frage‹, sagte er. ›Ich fühle doch, dass dir alles Mögliche durch den Kopf geht.‹

Jürgen und ich haben uns immer besonders nahe gestanden. Durch seine Musik sprechen wir die gleiche Sprache. Ich erinnere mich, dass er einmal ein Orgelstück zum Abschluss eines Konzertes so spielte, dass mir der Atem stockte. ›Mein junges Leben geht dahin!‹ Darin lag so viel Verzweiflung, dass ich ihn hinterher bestürzt fragte, ob er Selbstmordabsichten hätte. Jürgen sah mich nur groß an und schüttelte dann den Kopf.

›Nein‹, sagte er, ›ich bin nur manchmal sehr deprimiert.‹

Und ich habe das damals auf seine schlechte Ehe zurückgeführt.

Jetzt lag der Brief vor uns auf dem Tisch, und ich wusste, warum er jahrelang so deprimiert gewesen war.

Aber so vieles wusste ich nicht.

›Hast du einen Freund?‹, fragte ich.

›Nein‹, sagte er, ›ich habe niemanden. Ich weiß nur, dass ich endlich so leben möchte, wie es meiner Veranlagung entspricht.‹

›Gehört es auch zu deiner Veranlagung‹, ich suchte nach Worten – ›dass du kleine Jungen begehrst? Ich meine, man hört häufig, dass Homos sich an Kindern vergreifen?‹

Jürgen nahm mich wieder in die Arme.

›Nein, Mama, ganz bestimmt nicht. Ich stehe nicht auf Kinder, nur weil ich schwul bin.‹ Er lachte ein wenig. ›Das wäre das Gleiche, als wenn Papa, der doch hetero ist, auch gerne mit kleinen Mädchen ins Bett gehen würde. Das ist wirklich absurd!‹

Und ich glaubte ihm.

Mittags kam mein Mann von der Arbeit, und Jürgen gab ihm auch den Brief. Mein Mann reagierte großartig. Er hat ihn mit Tränen in den Augen in die Arme genommen und gesagt, dass es keine Rolle spiele. Er sei unser Sohn und damit basta!

Ich habe Jürgen dann gebeten, seine Frau anzurufen, denn ich fand, dass sie bei dem weiteren Gespräch anwesend sein müsste.

Ich hatte mit meiner Schwiegertochter kein so gutes Verhältnis, da sie sich uns gegenüber immer sehr zurückhaltend benommen hatte. Das änderte sich an diesem Nachmittag. Natürlich flossen noch so einige Tränen. Aber Marie erzählte auch, dass sie jahrelang an sich selbst als Frau gezweifelt, dass sie geglaubt hatte, dass es ihre Schuld sei. Durch die vielen Gespräche mit Jürgen und Bücher, die er ihr gegeben hatte, wüsste sie nun, dass sie sich selbst keine Vorwürfe zu machen brauche. Aber sie hatte befürchtet, dass wir das eventuell anders sehen könnten.

An diesem Nachmittag, an dem wir eigentlich unsere Schwiegertochter verloren, gewannen wir eine Tochter.

Marie zog noch am gleichen Tag aus. Sie hatte nur wegen uns so lange mit diesem Schritt gewartet.

Als nächstes besorgte ich mir Bücher über Homosexuelle, um mehr über die Veranlagung meines Sohnes zu lernen. Und dann gingen mein Mann und ich in einen Gesprächskreis für Eltern von homosexuellen Kindern. Beides hat uns sehr geholfen, den ersten Schock zu überwinden. Und ich krabbelte so langsam wieder aus dem Loch heraus.

›Was ist mit deiner Arbeit?‹, fragte ich Jürgen. ›Du wirst deine Stelle als katholischer Organist verlieren!‹

Jürgen war optimistisch. Er glaubte, dass er niemandem schaden würde, und wollte alle Karten offen auf den Tisch legen.

Er schrieb seinem Pastor einen ehrlichen Brief. Er sei schwul, er lebe von seiner Frau getrennt, und er wolle sein weiteres Leben nicht mit einer Lüge leben.

Die Antwort auf den Brief ließ auf sich warten. Aber dann äußerte sich der Pastor doch. Und zwar gleich ziemlich negativ. Er könne nichts für ihn tun, und wahrscheinlich müsse er seine Arbeit als Organist beenden.

Vierzehn Tage später musste Jürgen zum Kirchenvorstand kommen. Als Erstes legte man ihm nahe, ob er ›das‹ nicht operativ entfernen wolle. Das sei doch eine Möglichkeit. Jürgen klärte die Herren auf, dass man Schwule nicht operieren könne. Das sei ein Irrglauben.

Ob er dann bereit sei, zölibatär zu leben? Jürgen verneinte es.

Als letzte Möglichkeit bot man ihm an, dass er im Kirchendienst bleiben könne, wenn er sein Homo-Sein streng geheim halten würde.

Auch das war für Jürgen keine Alternative. Er hatte für sein Gefühl schon so lange Versteck gespielt, sodass er sich jetzt offen zu seiner Veranlagung bekennen wollte. Er war ganz einfach nicht der Mann, der bewusst ein Doppelleben führen konnte.

Außerdem hatte er seit kurzem einen Freund, und er wollte sich nicht verstecken müssen.

Drei Tage vor Weihnachten wurde er dann offiziell entlassen. Aber zu Weihnachten musste er noch in der Kirche spielen, das stand in seinem Vertrag.

Es wurde eine schreckliche Weihnacht. Jugendliche unserer Kirche hatten von der Entlassung gehört und standen mit Transparenten vor der Kirche:

›Hat ein schwuler Organist in unserer Kirche keinen Platz?‹

Andere dagegen empörten sich lautstark, dass ›so einer‹ in der Kirche spielen würde.

In der Weihnachtspredigt ging unser Pastor sehr ausführlich auf Ehebruch, seine Folgen und Strafen ein. Jedem war klar, dass er nur Jürgen meinte.

Jürgen spielte in jeder Weihnachtsmesse, vielleicht sogar noch besser als sonst. Für ihn war es ein Abschied. Nach der letzten Messe klatschten viele. Da ging ein Mann nach vorne und rief: ›Für so einen klatscht ihr? Für einen, der Aids über unsere Kinder bringen kann?‹

Nach Weihnachten dachten wir, dass das Schlimmste nun überstanden sei, aber das war nicht so. Irgendjemand hatte der Zeitung einen Tipp gegeben, und dann ging der ganze Presserummel erst los.

›Schwuler Organist muss gehen!‹ war noch eine der zahmsten Schlagzeilen. Privat begann für uns ein wahrer Telefonterror. Ich wurde als Hure beschimpft, weil ich zu meinem Sohn hielt. Mein Sohn bekam Anrufe, dass man für ihn bete, dass er schnell sterben möge.

In dieser Zeit sind zwei meiner Söhne und viele Freunde von uns aus der Kirche ausgetreten.

Unser Bischof wurde in Jürgens Affäre um eine Stellungnahme gebeten. Er sagte in einem Interview, es sei doch selbstverständlich, dass so jemand entlassen würde. Jemand, der stiehlt, sei doch zum Beispiel auch für die katholische Kirche untragbar geworden.

Ich dachte, so eine Äußerung würde sich als Eigentor gegen die Kirche erweisen, aber das war nicht der Fall.

Ich selbst bin nicht aus der Kirche, wohl aber aus dem Kirchenchor ausgetreten. Ich konnte nicht in dem Chor einer Kirchengemeinde von Liebe und Brüderlichkeit singen, die meinen Sohn derart unchristlich behandelt hatte.

Unser Pastor ließ dann noch einen Pater kommen, der einen Vortrag über Homosexualität hielt. Aber der erzählte so viel Unsinn, dass mein Mann und ich, unser Sohn und einige Freunde aus dem Elternkreis die Veranstaltung früher verließen. Er behauptete unter anderem, dass homosexuelle Männer immer ein gestörtes Verhältnis zu ihrem Vater hätten und ausgesprochene Muttersöhnchen seien.

Da ich mich in der Kirche nicht mehr persönlich engagieren wollte, beschloss ich, in die Aids-Hilfe zu gehen. Ich dachte, wenn Schwule schon so diskriminiert werden, wie ergeht es dann erst Aids-Kranken? In dieser Gruppe habe ich Menschen kennen gelernt, die ganz am Rande unserer Gesellschaft stehen und die mir doch sehr viel mehr gaben als jemals zuvor Mitglieder unserer christlichen Gemeinde.

Jürgen war nach seiner Entlassung fünf Jahre lang arbeitslos. Das war eine schwere Zeit für ihn, aber wir hielten zu ihm und unterstützten ihn, wo es nur möglich war.

Vor sechs Jahren wurde er dann in einer protestantischen Kirche als Organist angenommen. Sein Schwul-Sein spiele keine Rolle, sagte man ihm, er sei ein hervorragender Organist, und nur das zähle.«

»Hat sich Ihr Verhältnis zu Ihrem Sohn durch die sexuelle Veranlagung verändert?«

Bertha Lehmkühler lächelt mich traurig an.

»Im Nachhinein weiß ich überhaupt nicht mehr, warum ich damals gefühlsmäßig in ein so tiefes Loch gefallen war. Das wirkliche Loch kam erst, als ich vor drei Jahren hörte, dass Jürgen HIV-positiv ist. Da wurde mir bewusst, dass es jetzt um Leben oder Tod geht. Damals ging es doch nur um die Kirche, Dogmen, Äußerlichkeiten.

Außerdem wusste ich durch meine Arbeit in der Aids-Hilfe, wie viele Kranke zu Grunde gehen. Ich versorgte gerade einen jungen Sterbenden.

Nein, das war erst das wirkliche Loch, in das wir fielen.

Aber wir kamen auch aus diesem Loch wieder heraus. Jürgen braucht uns, und wir brauchen ihn. Im Moment geht es ihm mit neuen Medikamenten gut. Er arbeitet auch noch.

Und wir versuchen, das Leben zu genießen. Jeden Tag wieder. Nein, ›versuchen‹ ist das verkehrte Wort: Wir genießen es wirklich.

Einmal im Monat treffen Jürgen und ich uns, und dann verbringen wir einen gemeinsamen Tag, gehen in ein Konzert, essen zusammen und reden.

Er sagte mir auch, dass er nichts bereue. Er habe ein schönes Leben gehabt, habe es noch. Er hat einen sehr lieben Freund. Der Zusammenhalt in unserer Familie ist enorm. Wir telefonieren jeden Tag miteinander, auch seine Brüder haben einen ganz intensiven Kontakt mit ihm.

Ich weiß heute, dass der größte Fehler ist, wenn man versucht, Homosexualität totzuschweigen. Dadurch entstehen nur Missverständnisse und Ängste. Bei den Schwulen oder Lesben selbst, aber auch bei den Eltern. Ich habe bei der Aids-Hilfe mit Kranken gesprochen, die mir sagten, dass niemand wüsste, dass sie schwul seien, geschweige denn, dass sie Aids hätten.

›Wie soll ich es meinen Eltern sagen?‹, fragte mich ein junger Mann. ›Für sie sind das alles Kriminelle und Aussätzige!‹

Es wird Zeit, dass wir alle uns mit den Homosexuellen und ihren Problemen in unserer Gesellschaft auseinander setzen, denn Ignoranz und Schweigen helfen niemandem.

Schwul-Sein ist keine Krankheit, sondern eine andere Art zu leben. Wenn jemand schwul oder lesbisch ist, so sagt das noch nichts über den Menschen aus. Er oder sie ist dadurch weder ein besserer noch ein schlechterer Mensch. Sie haben nur eine andere Veranlagung.

Kommentar

Der entscheidende Satz von Jürgen ist wohl der, dass er schon so lange Versteck gespielt habe, sodass er jetzt *offen zu seiner Veranlagung stehen* und diese leben wolle. Wie Frau Lehmkühler schildert, hat ihr Sohn lange seine gleichgeschlechtliche Orientierung unterdrückt, hat wohl gehofft, sie in einer Ehe in den Hintergrund drängen zu können, und hat sich an die von der katholischen Kirche gestellten Forderungen, die gleichgeschlechtliche Orientierung nicht zu leben, angepasst. Wie schwer ihm dieser Versuch wurde und wie sehr er darunter litt, dass er seine wahre Identität unterdrückte, zeigt die Episode, als er bei einem Orgelkonzert das Stück »Mein junges Leben geht dahin« mit einer seine Mutter erschreckenden Verzweiflung spielte. Tatsächlich hätte er an sich selbst vorbeigelebt, wenn er nicht schließlich den Mut aufgebracht hätte, seine gleichgeschlechtliche Orientierung zu akzeptieren und ihr entsprechend zu leben.

Wir haben es bei Jürgen allerdings nicht mit einem üblichen Coming-out zu tun, sondern wegen der *Ehe*, die er eingegangen ist, mit einer speziellen Situation. Die Mutter hat offensichtlich schon seit längerer Zeit gespürt, dass etwas in der Ehe des Sohnes »nicht in Ordnung« war, hat dies aber nicht mit der Möglichkeit einer gleichgeschlechtlichen Orientierung in Verbindung gebracht. Wie sich herausstellt, haben die Ehegatten viel darüber gesprochen und sich schließlich entschlossen, sich zu trennen. Dies ist häufig ein schwieriger Prozess, schwieriger als für viele heterosexuelle Paare, da bei der Ehefrau, wenn sie von der Homosexualität ihres Mannes erfährt, leicht der Eindruck entsteht, die ganze bisherige Beziehung sei Täuschung und Lüge gewesen.

So verständlich die Gefühle der Enttäuschung und Kränkung auch sind, so wird eine solche Einschätzung der heterosexuellen Partnerin dem schwulen Mann in der Regel nicht gerecht. Es ist heute nicht mehr so, dass sich schwule Männer aus sozialen Gründen in eine Ehe flüchten und dort ein Doppelleben führen, sondern vielen geht es wie Jürgen: Sie spüren zwar – meist von Kindheit an – ihre Homosexualität, nehmen aber (oft unter dem Druck konservativer religiöser Bezugsgruppen) an, ihre Orientierung sei nicht sehr stark ausgeprägt und sie könnten in der Ehe »darüber hinwegkommen«.

Hinzu kommt, dass sie einer bestimmten Frau gegenüber starke Gefühle empfinden und aus diesem Grund eine Ehe mit ihr eingehen. Oft spüren sie erst im Verlauf der Zeit im Zusammenleben mit dieser Frau, dass ihre »eigentliche« Orientierung gleichgeschlechtlicher Art ist. Wenn im Rahmen der Trennung große Konflikte aufbrechen, insbesondere wenn das Paar auch Kinder hat, kann es wichtig sein, dass die Ehegatten fachliche Beratung suchen und dort miteinander ihre Situation klären: Die heterosexuellen Partnerinnen und Partner können sich auch Selbsthilfegruppen anschließen und dort Solidarität und Unterstützung finden.

Frau Lehmkühler erwähnt, dass sie vor dem Gespräch mit dem Sohn wenig über Homosexualität gewusst und ihm etliche Fragen gestellt habe. Unter anderem erwähnt sie ihre bange Frage, ob er denn kleine Jungen begehre. Sie habe häufig gehört, dass »Homos sich an Kindern vergreifen«. Dies ist tatsächlich ein von Gegnern der Homosexualität oft verwendetes Argument, das aber in keiner Weise der Realität entspricht. Wenn es um sexuelle Beziehungen zu Kindern geht, haben wir es mit dem Phänomen der *Pädophilie* (oder deutlicher: der *Pädosexualität*) zu tun. Hier werden die Generationengrenzen zwischen Erwachsenen und Kindern überschritten, und es findet eine Verletzung der kindlichen Integrität statt. Die Pädosexualität steht indes in keinem ursächlichen Zusammenhang mit Homosexualität. Mit Recht antwortet Jürgen auf die Frage seiner Mutter, Schwul-Sein und sexuelles Interesse an Kindern zu haben, habe nichts miteinander zu tun. »Das wäre das Gleiche, als wenn Papa, der doch heterosexuell ist, auch gerne mit kleinen Mädchen ins Bett gehen würde.«

Tatsächlich haben die Dimensionen »Homosexualität oder Heterosexualität« und »Pädosexualität oder auf Erwachsene sich richtendes sexuelles Begehren« nichts miteinander zu tun. Oder anders ausgedrückt: Es gibt Pädosexualität bei Menschen mit gleich- wie mit gegengeschlechtlicher Orientierung. Für Lesben und Schwule in pädagogischen Berufen ist das Vorurteil, sie würden sich an Kindern vergreifen, ein sie nicht nur kränkendes, sondern sie in ihrer beruflichen Tätigkeit auch direkt gefährdendes Argument. Aus diesem Grund verschweigen Lehrerinnen und Lehrer, Pfarrerinnen und Pfarrer sowie Erzieherinnen und Erzieher mit gleichgeschlechtlichen Orientierungen im beruflichen Bereich häufig ihre Homosexualität, besteht doch tatsächlich die Gefahr, dass sie mit erheblichen Schwierigkeiten und Diskriminierungen ihrer – homophoben – Umgebung rechnen müssen.

Das Thema des *beruflichen Umfeldes* wird auch im Interview mit Frau Lehmkühler angesprochen. Ihr Sohn hat diesbezüglich eine besonders schlimme Situation erlebt, die allerdings beim Arbeitgeber »katholische Kirche« nach wie vor fast die Regel ist. Immer wieder sehen sich Mitarbeiterinnen und Mitarbeiter der katholischen Kirche mit der Gefahr konfrontiert, ihren Arbeitsplatz zu verlieren, sobald ihre gleichgeschlechtliche Orientierung bekannt wird. Deutlich diskriminierend ist auch die Anfang Dezember 2005 offiziell vom Vatikan verkündete Anweisung, dass Homosexuelle nicht zum Priester geweiht werden dürfen. Es ist erschütternd, aus dem Interview mit Frau Lehmkühler zu erfahren, dass Jürgens Offenheit seinen Vorgesetzten gegenüber ihm schlecht gelohnt wird. Die ihm vom Kirchenvorstand unterbreiteten Vorschläge – man muss hier wohl eher von Bedingungen sprechen, die er zu erfüllen hat, wenn er weiterhin als Organist in der katholischen Kirche tätig sein will – sind eine wie die andere absurd und in höchstem Maße diskriminierend: die operative »Entfernung« der Homosexualität, die Verpflichtung, ein »zölibatäres« Leben zu führen, und schließlich die Forderung, die gleichgeschlechtliche Orientierung strengstens geheim zu halten.

Mit Recht hat Jürgen diese Bedingungen als unzumutbar empfunden und sie rundweg abgelehnt, würden sie doch alle darauf hinauslaufen, dass er seine sexuelle Identität weiterhin unterdrücken müsste und damit an einer zentralen Dimension seiner Persönlichkeit vorbeilebte. Dies wäre nicht nur unzumutbar, sondern würde auch für sein psychisches und soziales Leben fatale Konsequenzen haben, weil es zu einer Verbiegung seiner Persönlichkeit führen würde. Die schrecklichen Folgen solcher Verbiegungen sind spätestens nach dem Bekanntwerden der von Priestern verübten sexuellen Übergriffe gegenüber Kindern und Frauen offensichtlich geworden. Es wäre in diesen Fällen indes zu kurz gegriffen, wollte man diese Übergriffe nur den Tätern selbst anlasten. Ein wesentlicher – ursächlicher! – Faktor ist die unnachgiebige Haltung der katholischen Kirche (und evangelikaler Kreise), die die gleichgeschlechtliche Orientierung ablehnt und Menschen wie Jürgen das Leben ihrer sexuellen Identität untersagt.

Das Resultat einer solchen, Lesben und Schwule diskriminierenden und verletzenden Haltung sind die erwähnten Persönlichkeitsverbiegungen und schwer wiegende, unter Umständen bis zum Suizid führende psychische Konflikte zwischen der eigenen sexuellen Orientierung und den negativen Stellungnahmen der katholischen Kirche. Tröstlich, dass eine Gruppe Jugendlicher vehement Partei für Jürgen ergriff und auf einem Transparent die Frage stellte: »Hat ein schwuler Organist in unserer Kirche keinen Platz?« Die – zutiefst unchristliche – Antwort darauf hat der zuständige Bischof gegeben, der zu Jürgens Entlassung meinte, dies sei doch »selbstverständlich«, ein Mensch, der stehle, sei ja auch für die katholische Kirche nicht tragbar.

U. R.

6. »Ich dachte, die Sonne würde anders scheinen«

Interview

»Neunzehn Jahre war unser ältester Sohn Andreas, als er mir eines Nachmittags – er kam von Bekannten zurück, die ihn zu einer Party eingeladen hatten – ohne weitere Umschweife sagte, er sei schwul. Seit ungefähr drei Jahren vermutete er es, aber jetzt, nachdem er mit anderen Schwulen gesprochen hatte, sei er sich absolut sicher.«

Ein kurzes, bitteres Lächeln huscht über das volle Gesicht von Gisela Wegener.

»Heute würde ich sagen, dass meine erste Reaktion total bescheuert war, aber die Mitteilung meines Sohnes traf mich wirklich wie ein Blitz aus heiterem Himmel. Also redete ich etwas von: ›Dagegen kann man doch etwas tun, wir werden einen guten Psychologen einschalten, und das ist doch nur eine Phase, und lass dich bloß nicht auf so etwas ein, denke doch an Aids und was das für Typen sind!‹

Andreas sah mich nur ruhig an.

›Es ist so, wie ich es dir gesagt habe, Mutti, und man kann nichts dagegen tun. Du solltest lieber versuchen, dich damit abzufinden.‹

Ich sah damals zum Fenster hinaus. Draußen schien die Sonne, aber mir kam es vor, als schiene sie anders als je zuvor in meinem Leben.

Als ich in der Nacht darauf wach lag und ein Unwetter heraufzog, war ich irgendwie erleichtert, dass zumindest der Wind noch so heulte, wie ich es gewohnt war.

Ich hatte die ganze Nacht überlegt, was ich tun sollte. Und als Erstes rief ich am nächsten Morgen bei der Telefonseelsorge an. So etwas habe ich noch nie vorher getan, wusste eigentlich kaum, dass es so einen telefonischen Notdienst gibt, aber das war das Erste, was sozusagen aus meinem Unterbewusstsein hochkam. Man kann doch irgendwo anrufen, wenn man total daneben ist. Und so fühlte ich mich. Also suchte ich mir aus dem Telefonbuch die Nummer heraus und rief an.

Die Frau am Telefon reagierte sehr gut. Erst einmal versuchte sie mich zu beruhigen. Schwul sein sei wirklich nicht so schlimm. Man könne nichts dagegen tun, und das Einzige, was mir helfen würde, sei, mit Menschen darüber zu reden; versuchen, es zu akzeptieren.

Ich fragte sie, ob sie selbst einen Sohn hätte.

Ja, sagte sie, und ihr Sohn sei zufällig auch im Alter von Andreas. Dann wollte ich wissen, wie ich etwas akzeptieren sollte, was in unserer Gesellschaft nicht akzeptiert ist, und wie sie selbst es finden würde, wenn ihr eigener Sohn homosexuell wäre.

Da gab sie mir Recht. Wegen der gesellschaftlichen Diskriminierung würde sie persönlich es für ihren Sohn auch nicht gut finden.

Aber gerade, weil diese Frau so ehrlich auf meine Fragen reagierte, war ich etwas erleichtert. Ich war also kein Monster und mein Sohn kein Monstrum. Auch andere Mütter würden mit so einem ›*Outing*‹ Schwierigkeiten haben, auch wenn man, objektiv gesehen, davon ausgehen könne, dass ›es‹ nicht so schlimm sei. Aber wer kann noch objektiv sein, wenn es das eigene Kind betrifft?«

»Hat Ihr Sohn es auch seinem Vater erzählt?«

»Ja, darum habe ich Andreas gebeten. Ich fand, dass er es ihm selbst sagen müsste. Und das hat er dann auch bei einem Spaziergang am nächsten Tag getan. Mein Mann war total geschockt und konnte kein Wort mehr sagen. Das war für Andreas sehr schlimm, aber natürlich auch für meinen Mann. Ich konnte ihn gut verstehen. Er ist sehr konservativ erzogen worden, und alles, was mit Sexualität zu tun hatte, war bei ihm zu Hause ein absolutes Tabu.

Und jetzt war sein eigener Sohn homosexuell.

Andreas erzählte mir, dass sein Vater ihm zwar keine Vorwürfe gemacht hatte, aber dass er blass wurde und kein Wort mehr sagen konnte. Es war meinem Mann und mir also auch nicht möglich, den ersten Schock gemeinsam zu überwinden.

Aber da es meiner Natur entspricht, Probleme anzupacken, habe ich als nächstes einen Pater im Kloster um ein Gespräch gebeten.

Ich bin christlich, ja, und wir gehen auch regelmäßig zur Kirche, aber dieser Pater hat mich in unserer Gemeinde bei verschiedenen Seminaren zu anderen Themen in erster Linie als Mensch sehr beeindruckt.

Er hatte glücklicherweise auch gleich am nächsten Tag Zeit für mich. Vielleicht hat er am Telefon gemerkt, wie verzweifelt ich war.

Und das Gespräch hat mir sehr viel gegeben. Er reagierte total menschlich, obwohl er doch auch ein Mann der Kirche war. Er sagte immer und immer wieder, das müsse man akzeptieren, Andreas sei so geboren, und ich solle bedenken, dass nur die Liebe zähle.

Als ich ihm vorhielt, dass ich auch große Bedenken habe, wie ich mich verhalten würde, wenn mein Sohn mit so eigenartigen Typen nach Hause käme, die mir dann nicht gefallen würden, nahm er meine Hand und meinte: ›Ihnen müssen sie ja auch nicht gefallen. Das sind doch dann Freunde Ihres Sohnes.‹

Damit gab er mir irgendwie auch den Freiraum, dass ich die Veranlagung meines Sohnes zwar akzeptieren solle, aber darum noch nicht jeden seiner Partner lieben müsse.

Über Kirchendogmen und was der Papst über Homosexuelle sagt, haben wir nicht geredet. Das war für mich nicht wichtig. Auch in anderen Fragen, zum Beispiel was die Geburtenkontrolle angeht, habe ich immer gedacht: Was verstehen die da oben schon vom wirklichen Leben? Und die Haltung der offiziellen Kirche gegenüber Frauen ist doch auch total überholt. Mir kam es immer mehr darauf an, wie unser Pastor ist und wie man in unserer Gemeinde miteinander umgeht. Aber so etwas Privates, wie Andreas' homosexuelle Veranlagung, würde ich nie zu einem Kirchenthema machen. Es ist in erster Linie unser eigenes Problem. Und das wollte ich irgendwie packen.

Ich muss allerdings sagen, dass Andreas wegen der offiziellen Haltung der Kirche gegenüber Homosexuellen seinen Austritt erklärt hat. Markus dagegen, unser zweiter Sohn, ist mit vierundzwanzig Jahren noch immer Messdiener.

Aber zurück zu den ersten Tagen nach Andreas' *›Outing‹*: Als nächstes ging ich zu unserem Hausarzt. Und das war dann der dritte Mensch, der auf meine Eröffnung, Andreas sei schwul, total gut reagierte. Auch er sagte, dass man medizinisch oder mit einer Therapie nichts an Andreas' Veranlagung verändern könne. Das seien alles Ammenmärchen. Ich könnte nur daran arbeiten, es zu akzeptieren. Und am besten sei es, wenn mein Mann das auch versuchen würde.

Andreas erzählte uns dann, dass es in Düsseldorf einen Gesprächskreis gebe, in dem Eltern von homosexuellen Kindern miteinander über ihre Probleme reden könnten.

Ich brachte meinen Mann dazu, mit mir dorthin zu gehen. Das war für uns ein enormer Schritt und kostete uns große Überwindung. Denn wenn man gegenüber Dritten so etwas ausspricht, wird es irgendwie definitiv zur Wahrheit. Ich glaube, das ist so ähnlich, wie wenn ein Alkoholiker das erste Mal in einem Gesprächskreis aufsteht und sagt: Ich bin Alkoholiker.

Hier sollten wir ja auch sagen: Unser Sohn ist ein Schwuler.

Wie würde man darauf reagieren?

Aber als wir dahin kamen, stand frisch gebackener Kuchen

auf dem Tisch, die Kaffeekanne ging herum, und um den Tisch saßen ganz normale Väter und Mütter. Ich sage das extra so, weil ich bis zur letzten Minute so ein Gefühl hatte: Was sind das bloß für Menschen? Aber es waren genau wie mein Mann und ich Eltern, die über die Veranlagung ihrer Kinder reden wollten, weil durch diese Veranlagung eben so viele Frage auftauchten, mit denen man sich vorher nicht beschäftigt hatte. Die meisten Eltern hatten, genau wie wir, von der Veranlagung ihrer Kinder nichts gemerkt. Andreas hatte ja auch immer Freundschaften mit Mädchen gehabt, und wie weit so etwas ernster ist oder nicht, das kann man als Vater oder Mutter oft nicht beurteilen. Und immer wieder tauchte auch die Frage der eigenen Schuld auf. Das ist wohl eine der ersten Fragen: Was habe ich verkehrt gemacht?

Deswegen waren für mich die drei ersten Gespräche, die ich geführt hatte, nämlich die mit der Dame von der Telefonseelsorge, mit dem Pater und mit unserem Hausarzt, so wichtig gewesen. Alle drei gingen davon aus, dass man mit der homosexuellen Veranlagung geboren wird.

Selbst habe ich später noch oft überlegt, ob es nicht so etwas wie ein Homosexuellen-Gen gibt. Aber der Gedanke kam erst verstärkt, als auch Markus, unser zweiter Sohn, der übrigens noch eine Zwillingsschwester hat, sich im gleichen Alter wie Andreas zu seinem Schwul-Sein bekannte.«

»Fiel Ihnen bei Markus die Akzeptanz leichter?«

Gisela Wegener lächelt wieder. Ein Lächeln, in dem Bitterkeit und Wehmut zu gleichen Teilen anwesend sind.

»Man sollte eigentlich meinen, dass das so wäre. Aber es war nicht der Fall. Ich war entsetzt, konnte es nur diesmal besser verbergen. Ich habe auch während seiner Pubertät öfter so etwas von mir gegeben wie: ›Ich hoffe, dass *du* wenigstens ‚normal' bist!‹ Eigentlich sollte ich mich schämen, aber das waren genau meine Gefühle.

Das Einzige, was anders war, war die Tatsache, dass ich ihn aufmerksamer beobachtete, als ich das je bei Andreas getan hatte. Ich merkte, dass seine Freundinnen sehr schnell wechselten und dass sich nie eine tiefer gehende Beziehung entwickelte. Also sprach ich ihn eines Tages darauf an. Markus war da auch neunzehn Jahre alt.

›Vielleicht willst du auch gar keine ‚richtige' Freundin?‹ Und Markus bestätigte es mir beinahe sofort. Nein, er wolle keine Freundin, er wolle lieber einen Freund. Die Art, wie er es sagte, ließ keinen Zweifel mehr offen.

Unser Ältester hatte das schon eher vermutet, sagte er mir hinterher einmal, aber er fand, dass Markus sich selbst dazu äußern müsse.

In der Zeit dachte ich, wie gesagt, des Öfteren, dass ich vielleicht in unserer Familie so ein Homosexuellen-Gen auf meine Kinder vererbt habe. Denn ich ahnte, dass ein Onkel von mir auch schwul sei. Aber natürlich ist nie darüber geredet worden.«

»Wieso ›natürlich‹?«

»Na ja, weil man früher eben überhaupt nicht über ›so etwas‹ sprach. Wir sprechen ja heute noch nicht darüber. Ich meine, außerhalb des Elternkreises haben wir mit niemandem darüber geredet. Meine Mutter und meine Schwiegermutter sind die einzigen Ausnahmen. Zu Anfang hat meine Mutter es ganz gut aufgenommen. Vielleicht auch, weil ich damals noch so niedergeschlagen war. Aber nach einigen Monaten meinte sie dann immer wieder beiläufig, dass sie überzeugt sei, dass Andreas wieder ›normal‹ werden würde. Also, richtig begriffen hat sie es doch nicht. Aber ich kann es ihr auch nicht übel nehmen, schließlich ist sie noch älter als wir, gehört einer anderen Generation an.

Meine Schwiegermutter hat es von meinem Mann gehört, aber sie hat nie ein Wort mit mir darüber geredet. Ich erwähnte ja schon, dass sie sehr konservativ war (sie ist inzwischen gestorben) und über Sexualität sowieso nicht sprechen konnte, schon gar nicht über Homosexualität. Ich habe also auch keine Ahnung, ob die Brüder meines Mannes es wissen. Einer macht bei allen möglichen und unmöglichen Gelegenheiten immer sehr abfällige Bemerkungen über Schwule, also ist das für uns da überhaupt kein Thema. Wir haben jedenfalls nie etwas von Andreas' und Markus' Veranlagung erwähnt. Vielleicht können sie es sich zusammenreimen, da unsere Söhne ihre Freunde zu Familienfeiern mitbringen. Aber andererseits verhalten sie sich im Beisein von Dritten ganz und gar unauffällig, um keinen Anstoß zu erregen.

Sie haben mir auch beide gesagt, dass es in ihrem Kollegenkreis niemand weiß. Sie befürchten ganz einfach, dass sie dann Schwierigkeiten bekommen könnten. Man kann es ja nicht vorher austesten, ob es akzeptiert wird oder nicht. Und dazu sind Arbeitsplätze heute zu begehrt, als dass man das riskieren könnte. Außerdem werden doch hin und wieder die üblichen Witze über Schwule erzählt, also das spricht ja nicht gerade dafür, dass sie bereit wären, einen homosexuellen Kollegen nicht nur zu tolerieren, sondern auch zu akzeptieren. Das Risiko ist einfach zu groß!

Markus' Zwillingsschwester Regine hat mit ihren beiden schwulen Brüdern keine Probleme. Sie verstehen sich gut miteinander. Ihr Freund geht auch ganz normal und freundschaftlich mit beiden um. Dagegen wissen es seine Eltern nicht. Die sind auch in jeder anderen Hinsicht sehr bürgerlich und sehr konservativ.

Auch von unseren Nachbarn hat keiner eine Ahnung. Ich bin schon froh, dass Markus und Andreas sich so verhalten, dass sie keinen Anlass zum Gerede geben.

Letztens sagte bei einem Kaffeekränzchen eine Frau: ›Also, mein Mann bekommt schon Pickel, wenn er nur im Fernsehen einen Schwulen sieht!‹

Und eine andere fügte noch hinzu: ›Stell dir vor, im Kaufhaus steht hinter dir ein Homo. Vielleicht hat der Aids. Dann kann ich es doch auch bekommen!‹

Also, da habe ich zumindest gesagt, dass man Aids nicht bekommt, weil ein Homosexueller hinter einem steht. Aber viel mehr sage ich nicht. Ich hätte immer das Gefühl, meine Söhne verteidigen zu müssen, und das will ich ganz einfach nicht. Ich habe in den letzten acht Jahren beinahe täglich daran gearbeitet, die Veranlagung meiner Söhne zu akzeptieren, aber ich habe wirklich keine Lust, sie gegenüber anderen verteidigen zu müssen. Sie sind keine Sünder, Verbrecher, Abartige oder was auch immer, aber das kann man Außenstehenden doch nicht begreiflich machen.«

»Ist die Beziehung zu Ihren Söhnen seit deren ›Outing‹ anders geworden?«

Gisela wirft einen nachdenklichen Blick zu einem Foto ihrer drei Kinder, das über der modernen Kommode hängt. Drei gut aussehende junge Leute, die freundlich in die Kamera lächeln.

»Ein Geschenk zum letzten Muttertag«, erklärt sie. »Ob unsere Beziehung anders geworden ist? Zu Andreas haben mein Mann und ich eine sehr enge Beziehung. Vielleicht auch deswegen, weil er die Mauer, die er vor seinem ›Outing‹ um sich herum gezogen hatte, ganz und gar wieder abgebaut hat. Aber bei Markus kann ich das nicht sagen. Er ging und geht sowieso mehr seinen eigenen Weg, war nie so ein Familienmensch, also, da hat sich auch in den letzten fünf Jahren nicht viel daran geändert. Beide Jungens haben wohl mehrmals gesagt, dass sie sehr froh darüber sind, dass wir es nie problematisch fanden, wenn sie ihre Freunde mitbringen wollten. Aber das war mir nach dem ersten Gespräch mit dem Pater schon klar. Wenn ich die Veranlagung meiner Söhne akzeptieren wollte, musste ich auch ihre Partner akzeptieren. Wie gesagt, das heißt ja noch nicht, dass ich sie lieben muss. Aber glücklicherweise sind das bisher auch meistens ganz nette Kerle gewesen. Bei Markus ist das etwas schwieriger, er wechselt seine Freunde sehr oft. Da habe ich dann auch einmal gesagt, dass ich nicht jede Woche einen anderen hier zum Kaffee haben will. Er soll erst einmal abwarten, ob überhaupt eine Beziehung daraus wird. Aber das würde ich bei vielen, wechselnden Freundinnen auch sagen. Wir müssen uns ja auch immer wieder an andere Gesichter gewöhnen. Nur weil ein Kind homosexuell ist, braucht man ja noch nicht alles zu akzeptieren.

Natürlich haben mein Mann und ich besonders bei den vielen wechselnden Partnern von Markus Angst, dass auch Aids eines Tages ein aktuelles Thema in unserer Familie wird. Aber mehr als darüber reden kann man ja nicht. Sie sind beide alt genug, um die Gefahr zu kennen.

Meine andere Angst ist, dass sie doch berufliche Nachteile wegen ihrer Veranlagung bekommen. Es könnte ja immer mal irgendwie herauskommen, auch wenn die beiden sich noch so vorsichtig verhalten. Das ist ein wenig, wie wenn man auf einem Pulverfass sitzt. Man weiß nie, wann jemand eine Lunte ansteckt.

Das Gleiche gilt für einschlägige Lokale. Ich habe letztens noch wieder gelesen, dass so ein Lokal von Rechtsradikalen überfallen wurde. Ich darf gar nicht daran denken, dass unsere Söhne zusammengeschlagen werden, nur weil sie diese Veranlagung haben.

Das sind und bleiben Probleme, mit denen man als Eltern leben muss. Von anderen Eltern hören wir, dass sie auch Schwierigkeiten damit haben, dass sie von ihren Kindern keine Enkelkinder bekommen werden. Also, das ist für uns nicht so wichtig. Es gibt ja auch genug Hetero-Beziehungen, in denen heute freiwillig auf Kinder verzichtet wird. Andere bekommen keine Kinder, auch wenn sie gerne welche wollen. Und dann haben wir natürlich noch die Möglichkeit, dass Regine eines Tages Kinder bekommt.

Im Großen und Ganzen glaube ich, dass wir Andreas' und Markus' Veranlagung akzeptiert haben. Auf jeden Fall können wir sagen, dass mein Mann und ich voll dahinter stehen, dass es ihr Leben ist. Sie müssen selbst wissen, was sie tun.

Wir möchten nur, dass sie glücklich werden.

Aber ich kann auch sagen, dass der Weg zu dieser Einstellung nicht einfach war.«

Kommentar

Wie viele Eltern war auch Frau Wegener anfangs der Meinung, es handle sich bei der Homosexualität ihres Sohnes um eine vorübergehende Phase. Vor diesem in der Regel falschen »Trost« möchte ich alle Eltern warnen. Zum einen nehmen sie ihren Sohn oder ihre Tochter nicht ernst. Und das kann darum so verletzend sein, weil der Mitteilung des Kindes, es sei homosexuell, fast immer eine lange Zeit inneren Ringens vorausgeht, ob man es nun den Eltern sagen soll oder nicht. Zum anderen: Wenn sich der Sohn oder die Tochter zu dieser Mitteilung schon durchgerungen hat, dann ist so gut wie immer davon auszugehen, dass sie auch stimmt. Denn, wie schon erwähnt, wenn man homosexuell ist, ist das weit mehr eine Sache des inneren Empfindens und der erotischen Fantasie als der sexuellen Praxis. Gelegentlich wird bei Jugendlichen in der Pubertät von einer »Entwicklungshomosexualität« gesprochen. Man sieht dafür als Ursache an: Unsicherheit und die besonderen psychologischen und sozialen Bedingungen der Pubertät. Sie liegt in aller Regel sicherlich nicht mehr vor, wenn Söhne oder Töchter sich gegenüber ihren Eltern als schwul bzw. lesbisch »outen«. Erwähnt sei hier noch die Form der »Gelegenheitshomosexualität«, die als »Ersatzbefriedigung« anzusehen ist in Situationen, in denen ein Kontakt mit dem Gegengeschlecht nicht möglich ist, wie z. B. in Gefängnissen.

Zu den ersten Reaktionen Frau Wegeners gehörte, wie bei vielen anderen Eltern auch, die Frage, ob man »dagegen« etwas tun kann, ob man einen Psychiater oder Psychologen einschalten solle.

Diese Frage ist im Grunde mit der Feststellung erledigt, dass Homosexualität keine Krankheit ist. In seinem »Brief an eine amerikanische Mutter«, die einen homosexuellen Sohn hatte, schrieb Freud schon 1935: »Homosexualität ist gewiss kein Vorzug, aber es ist auch nicht etwas, dessen man sich schämen muss, kein Laster, keine Erniedrigung und kann nicht als Krankheit bezeichnet werden«.

Betrachten Eltern ihre homosexuell liebenden Kinder ohne den Druck der so genannten Normalität, werden sie an ihnen auch nichts Krankes entdecken.

Weil es hier um keine Krankheit geht, kann es auch nicht um eine Therapie der Homosexualität gehen.

Ohnehin werden in der sexualwissenschaftlichen Literatur so gut wie keine »Therapieerfolge« berichtet. Im Gegenteil berichtet der Psychiater Isay von schweren Störungen im emotionalen und sozialen Bereich, von Depressionen, Apathien und ernsthaften Schädigungen des Selbstwertgefühls, wo sich – unverantwortlicherweise – Therapeuten (manchmal auf Wunsch des Klienten) darauf eingelassen haben, Homosexualität zu »therapieren«. Er warnt darum: »Homosexuellen Männern, die therapeutische Hilfe suchen, möchte ich raten, einen Therapeuten auszuwählen, der sie für fähig hält, als Homosexuelle befriedigende und liebevolle Beziehungen einzugehen.«

Und auch hier sei noch einmal Sigmund Freud zitiert, der schon 1920 schrieb: »Im allgemeinen ist das Unternehmen, einen vollentwickelten Homosexuellen in einen Heterosexuellen zu verwandeln, nicht aussichtsreicher als das Umgekehrte«.

Aus fundamentalistisch-religiösen Kreisen ist gelegentlich zu hören, man hätte durch Gebet und Meditation die Homosexualität, die mit dem Bösen oder Teuflischen gleichgesetzt wird, »besiegt«.

Das ist natürlich wissenschaftlich gesehen völliger Unsinn,

und theologisch gesehen ist es ein ärgerlicher Missbrauch des Gebetes. Was bei sehr selbstunsicheren homosexuellen Menschen dadurch »erreicht« werden kann, ist eine Verbiegung ihres Charakters und eine Anpassung bis zum Zwang. Sektiererische Gruppen solcher Art, die durchaus auch finanzielle Interessen haben, müssen geradezu als Seelenvergifter bezeichnet werden. Mir sind Fälle bekannt, in denen homosexuell orientierte Menschen, die durch solche Leute um ihr Coming-out gebracht wurden, am Ende in den Selbstmord gingen.

Frau Wegener bezeichnet ihre damalige Reaktion als »bescheuert«. Sie hat es also geschafft, sich von den Wünschen nach »Umpolung« ihres Sohnes rechtzeitig zu verabschieden.

Was Frau Wegener nach dem ersten Schock tat, war sehr vernünftig: Sie rief die Telefonseelsorge an. Vom größten Teil der Telefonseelsorgestellen in den Städten ist zu sagen, dass sie mit ausgebildeten Mitarbeitern und Mitarbeiterinnen besetzt sind, die selbst beraten oder auf solide Beratungsstellen verweisen können.

Als nächstes sprach Frau Wegener mit einem Pater. Anders als in einigen Gesprächen dieses Buches hatte sie Glück, und ich glaube, dass das heute häufiger der Fall sein wird, als viele annehmen.

Und dann sagt Frau Wegener einen Satz, der mich schockiert: »Er reagierte total menschlich, obwohl er doch auch ein Mann der Kirche war.« Das bedeutet ja im Klartext: Die Kirche ist eine Einrichtung, von der man kein menschliches Verhalten erwarten kann – jedenfalls nicht in Sachen Liebe und Sexualität. So weit haben es also die Kirchen mit ihrer Gesetzlichkeit und Leibfeindschaft gebracht. Zum Glück gehört Frau Wegener zu den (katholischen) Christen, die sich offensichtlich schon immer ihre selbstständigen Meinungen über die Sexualmoral ihrer Kirche gemacht haben.

Den letzten Schritt, den diese zupackende Mutter tat, war der Besuch einer Elterngruppe. Hier erfuhren sie und ihr Mann als

Erstes, dass sie nicht allein stehen. Denn viele nicht vorab informierte Eltern haben zuerst das Gefühl, sozusagen als einzige einen schwulen Sohn oder eine lesbische Tochter zu haben. In der Selbsthilfegruppe treffen sie nun auf andere Eltern, die viele Fragen schon »durchgearbeitet« haben. Nach meiner Erfahrung ist die Gruppe das beste Lernfeld für Eltern.

Ein Elternpaar aus meiner »Elterngruppe homosexuell liebender Söhne und Töchter« schrieb: »Wir raten allen Eltern, sich mit ihrem Kummer und Schmerz nicht zu verkriechen, sondern Kontakt zu anderen Eltern zu suchen. Das sind wir unseren Kindern schuldig.«

Was ich Frau Wegener noch wünsche, ist etwas mehr Mut, sich auch gegenüber anderen zu ihren beiden homosexuell liebenden Söhnen zu bekennen. Sie muss sich dann nicht länger diese schrecklichen Sprüche anhören, von denen sie aus ihrem Kaffeekränzchen berichtet. Würde sie sagen: »Sie beleidigen mit ihren dummen Bemerkungen meine Söhne«, brächte sie die anderen zum Verstummen, und sie hätte die Chance, ihre Kaffeeschwestern zu informieren. Auch wenn das das Ende ihrer Teilnahme an dieser Gruppe wäre – sie hätte ein besseres Gefühl, als sich diese verleumderischen Redensarten unwidersprochen anzuhören.

Kürzlich habe ich an der Hochzeitsfeier eines schwulen Paares teilgenommen. Sie fand in einem Dorf statt und das ganze Dorf feierte mit. Das Paar hatte nach dem seit August 2001 geltenden Lebenspartnerschaftsgesetz geheiratet bzw. sich »verpartnert«. In § 1 dieses Gesetzes heißt es: »Zwei Personen gleichen Geschlechtes begründen eine Lebenspartnerschaft, wenn sie gegenseitig persönlich und bei gleichzeitiger Anwesenheit erklären, miteinander eine Partnerschaft auf Lebenszeit führen zu wollen.« Nach § 2 sind die Lebenspartner »einander zu Fürsorge und Unterstützung verpflichtet. Sie tragen füreinander Verantwortung.« Die Lebenspartner können einen gemeinsamen »Lebenspartnerschaftsnamen« bestimmen. Sie leben nach § 6 im Güterstand der Zugewinngemeinschaft. Sie sind erbberechtigt und erhalten den Pflichtteil, sie können ein gemeinschaftliches Testament errichten. Ein Lebenspartner gilt als Familienangehöriger des anderen Lebenspartners (§ 11).

Es wird deutlich, dass die Eingetragene Lebenspartnerschaft nach dem Vorbild der Ehe geregelt wird. Das führte zum Streit um die Frage, ob das Gesetz mit dem Grundgesetz und dem dort geregelten Schutz der Ehe vereinbar ist. Darüber beriet das Bundesverfassungsgericht im Jahre 2002 und entschied: »Dem Institut der Ehe drohen keine Einbußen durch ein Institut, das sich an Personen wendet, die miteinander keine Ehe eingehen können«.

Zwar bleibt die gleichgeschlechtliche Lebenspartnerschaft in ihren Rechten noch weit hinter den Privilegien der (heterosexuellen) Ehe zurück (etwa im Steuerrecht, bei der Erbschaftssteuer, im Beamtenrecht, im Adoptionsrecht). Ich denke, es braucht noch einige Zeit, bis die rechtliche Gleichstellung der eingetragenen Lebenspartnerschaft mit der Ehe erreicht ist. Notwendig ist der politische Wille zu einer humanen Gesellschaft, in der es keine Bürger zweiter Klasse gibt. Denn wer eine Minderheit benachteiligt, wendet sich gegen alle Minderheiten. Trotzdem hat das Gesetz schon jetzt dazu beigetragen, dass die Diskriminierung homosexuell liebender Menschen in der Gesellschaft abgenommen hat. Das kommt auch der Familie Wegener mit ihren schwulen Söhnen zugute und erleichtert es Frau Wegener, auch offen gegen die Diskriminierung ihrer Söhne aufzutreten.

H.-G. W.

7. »Die Hauptsache ist, dass du glücklich wirst«

Interview

»Drei Kinder haben wir«, sagt die vierundsechzigjährige Gertrud Matthiessen, »und wir sind glücklich, dass sie alle drei gesund und wohlgeraten sind.«

Sie lächelt mich an, feine Lachfältchen um ihre blauen Augen. Eine erstaunlich jugendliche Erscheinung in ihrer hellen Leinenhose und dem gleichfarbenen T-Shirt.

»Genauso rede ich auch gegenüber Freunden und Bekannten von unseren Söhnen. Soll mir bitte keiner sagen, dass ich ›Pech‹ gehabt hätte, weil unser jüngster Sohn Jan homosexuell ist. Wir machen aus seiner Veranlagung auch kein Geheimnis. Natürlich ist es nicht das Erste, was wir gegenüber neuen Bekannten von ihm erzählen, aber es kommt ganz bestimmt dann zur Sprache, wenn man uns fragt, ob er verheiratet sei. Schließlich ist er mit vierunddreißig Jahren in dem Alter, wo so etwas gefragt wird. Dann sage ich immer ganz deutlich: ›Nein, aber Jan hat eine feste Beziehung mit einem Mann. Die beiden haben in Amsterdam zwei Wohnungen übereinander gekauft und sind sehr glücklich miteinander.‹ Und das ist Gott sei Dank auch wahr. Und nur darauf kommt es an.«

»War Ihnen die andere Veranlagung Ihres Sohnes schon früh bewusst?«

Gertrud Matthiessen streicht ihr blondes Haar aus dem Gesicht, wirkt sehr nachdenklich.

»Nein, darüber habe ich oft nachgedacht. Weder mein Mann noch ich haben Jan etwas angemerkt. Dabei bildeten wir uns ein, wir hätten mit unseren drei Söhnen eine besonders offene und herzliche Beziehung. Wir haben oft mit ihnen nach dem Abendessen um den Tisch herum gesessen und über alle möglichen Probleme geredet. Da gab es keine

Tabus. Sie merkten auch, wenn zwischen meinem Mann und mir mal der Haussegen schief hing. Aber wir haben ihnen auch immer wieder zu vermitteln versucht, dass Probleme in jeder Beziehung normal sind. Es kommt nur darauf an, wie man mit den Problemen umgeht. Darüber zu reden, ist auf jeden Fall ein guter Anfang.

So haben wir auch über die normalen Probleme in der Pubertät mit unseren Jungen geredet, wann und mit wem sie umgehen, war ihre eigene Entscheidung. Die Wahl der Freunde und Freundinnen kann man als Eltern doch nicht beeinflussen. Aber wir waren immer erleichtert, wenn wir merkten, dass sie sich nicht in schlechten Kreisen bewegten. Mit ›schlechten‹ Kreisen meine ich solche, in denen Drogen genommen werden und unsere Normen und Werte, wie man miteinander umgeht, keine Gültigkeit haben. Man kann als Eltern ja nur hoffen, dass die Kinder anständige Menschen werden.

Jan war als Kind besonders empfindsam. Er lief oft aus dem Zimmer, wenn in den Nachrichten Bilder von Kriegsschauplätzen oder Hungersnöten gezeigt wurden. Aber ich konnte das immer gut verstehen, da es mir auch oft den Magen umdrehte.

In der Schule hatte er keine Probleme, da er sehr kameradschaftlich und hilfsbereit war. Er hatte auch schon mit zehn Jahren seine erste Freundin. Ich dachte damals noch: ›Der fängt ja früh an!‹ Und so blieb das auch. Er ging als Jüngster viel mit seinen älteren Brüdern aus, und das war immer eine fröhliche große Clique mit den drei Jungs und den hübschen, jungen Mädchen.

Nein, weder mein Mann noch ich haben etwas gemerkt.

Jan war fünfundzwanzig und hatte gerade seine Ausbildung als Kaufmann beendet, als er uns eines Sonntags anrief. Ob wir Lust hätten, zum Kaffee zu ihm zu kommen. So ein Anruf war nichts Ungewöhnliches, wir lieben es, mehr oder weniger spontan von unseren Söhnen eingeladen zu werden.

Dazu brauchen wir keine lange Bedenkzeit. Also sagten wir ja, und eine Stunde später standen wir bei ihm in Amsterdam vor der Tür. Er war ziemlich blass, und ich merkte gleich, dass etwas los war. Na ja, wir waren auch kaum drin, als er sagte, er müsse uns etwas sagen. Und noch bevor er es überhaupt sagen konnte, begann er zu weinen. Ich dachte, er sei krank, und mir wurde ganz anders zu Mute. Aber dann sagte er: ›Ich bin homosexuell!‹

Meinem Mann und mir verschlug es wirklich die Sprache. Aber es war wohl auch nicht nötig, in so einem Moment viel zu sagen. Ich nahm Jan einfach in den Arm und fing natürlich auch an zu weinen, weil unserem Sohn diese Tatsache doch offenbar zu schaffen machte. Mein Mann weinte auch, und ich merkte ihm an, dass er sehr geschockt war. Es war wohl etwas, womit er überhaupt nicht gerechnet hatte.

Ich versuchte dann, Jan zu trösten, dass es doch nicht schlimm sei, homosexuell zu sein, aber er fand es aus irgendwelchen Gründen für uns schlimm. Er sagte auch: ›Eltern wollen doch immer, dass alles den ‚normalen' Weg geht.‹ Ja, damit hatte er Recht. Das wäre mir auch lieber gewesen, aber man kann sich ja nicht alles im Leben aussuchen. Und wenn Jan homosexuell war, dann musste er das Beste daraus machen. Und das sagte ich ihm auch. ›Die Hauptsache ist, dass du glücklich wirst!‹

Mein Mann konnte gar nichts sagen. Er ist von uns beiden sowieso der ruhigere, aber Jans Mitteilung hatte doch einen empfindsamen Punkt bei ihm getroffen. Er hatte immer so stolz von seinen ›drei Kerlen‹ geredet. Das klang liebevoll, aber auch ein wenig patriarchalisch. Ich glaube, dass ein homosexueller ›Kerl‹ einfach nicht in sein Vorstellungsbild hineinpasste.

Ich fragte Jan noch, ob er sich schon lange damit herum quälte, aber das war nicht so. Erst im letzten halben Jahr sei ihm seine Veranlagung bewusst geworden.

›Mit den Mädchen‹, sagte er, ›das klappte nie so richtig. Ich habe prima Freundinnen, kann stundenlang mit ihnen reden, aber ja, das ist es dann auch!‹

So offen sprachen wir oft miteinander.

›Ja, und jetzt habe ich einen Freund, und auf einmal weiß ich, wohin ich gehöre!‹

Das erste halbe Jahr nach Jans Mitteilung ging mein Mann ihm aus dem Weg. Er musste das einfach erst verarbeiten. Wir haben viel miteinander geredet. Das heißt, eigentlich habe ich geredet, und mein Mann hat mir zugehört. Ich versuchte, ihm deutlich zu machen, dass Jan nicht einen Deut anders geworden sei, nur weil er homosexuell veranlagt ist. Ich meine, er war der gleiche liebevolle, empfindsame und hilfsbereite Sohn, den wir großgezogen hatten.

›Lass mir Zeit‹, sagte mein Mann dann eines Tages, ›ich muss erst mit mir selbst ins Reine kommen. Irgendwie trifft das bei mir einen empfindlichen Nerv.‹ Und er erzählte mir, dass er als junger Mann von sechzehn ein unangenehmes Erlebnis mit einem Jugendgruppenleiter hatte, der ihn betatscht hatte. Darüber hatte er noch nie gesprochen. ›Ich weiß natürlich, dass so nicht alle Schwulen sind, aber jetzt, wo unser Jan ‚so' ist, kommt das alles wieder hoch. Ich fand das damals so eklig und widernatürlich, dass ich mich später schwer tat, in Homosexuellen nicht grundsätzlich Kinderverführer zu sehen.‹

Ich war ziemlich perplex, dass mein Mann über diese Sache noch nie vorher gesprochen hatte, aber er meinte, dass er es selbst wohl verdrängt habe. ›Am besten wäre es‹, sagte ich, ›wenn du mit Jan genauso offen darüber reden würdest. Dann versteht er deine Reaktion doch viel besser. Denn er sagte letztens noch am Telefon zu mir, dass er dein Schweigen nur schwer begreifen könne.‹

Ja, und das tat er dann auch. Die beiden Männer trafen sich in einem ruhigen Lokal und haben dann die halbe Nacht miteinander geredet. Was da alles besprochen wurde, weiß ich nicht, auf jeden Fall war danach alles in Ordnung. Ich glaube sogar, dass das Verhältnis zwischen Vater und Sohn durch Jans Homosexualität noch inniger geworden ist. Oft sehe ich so einen Blick des Einverständnisses zwischen ihnen, dass mir ganz warm ums Herz wird. Vielleicht hat es etwas damit zu tun, dass mein Mann ihm auch etwas von seinen früheren Ängsten erzählt hatte, denn bei aller Gleichberechtigung in unserer Familie war er doch immer der große und starke Vater. Das ist er immer noch, aber er hat Jan wohl auch gezeigt, dass jeder seinen wunden Punkt hat.«

»Wie haben seine Brüder auf die Mitteilung Jans reagiert?«

»Bei dem Gespräch waren wir nicht anwesend, aber ich habe von Jan gehört, dass sie beide eine Vermutung hatten. Sie hatten seine Zurückhaltung gegenüber Mädchen bei ihrem gemeinsamen Ausgehen mehr bemerkt als wir. Und sie sagten ihm auch, dass sie froh seien, dass er es nicht erst gemerkt hätte, wenn er eine wirklich feste Beziehung mit einer Frau gehabt hätte oder womöglich verheiratet gewesen wäre. Das hatten sie im Bekanntenkreis einmal erlebt; dann gibt es ja wirklich einiges an Problemen. An ihrer Beziehung zu Jan hat sich nichts geändert, auch ihre Frauen lieben Jan geradezu. Er ist eben auch im Umgang mit anderen besonders angenehm und zuvorkommend.

Heute noch werde ich von Müttern seiner früheren Schulkameraden auf Jan angesprochen. Wie es ihm gehe, was er beruflich mache und so weiter! Jeder, der ihn trifft, ist von ihm angetan, könnte ich beinahe sagen.

Jan hat heute eine gut bezahlte Stellung in einem Arbeitsvermittlungsbüro. Er kann ausgezeichnet mit Menschen umgehen und fühlt sich sehr wohl. Bei seiner Bewerbung hat er gleich gesagt, dass er homosexuell sei. Er wollte aus seiner Veranlagung kein Geheimnis machen, gerade weil er die Stelle gerne haben wollte.

›Und‹, hat sein damaliger Chef ihn gefragt, ›glauben Sie, dass das Ihrer beruflichen Qualifikation irgendwie im Wege steht?‹

›Natürlich nicht‹, hat Jan geantwortet, ›aber ich will nicht, dass man eventuell anfängt, über mich zu tuscheln, wenn mich mal mein Freund von der Arbeit abholt. Ich möchte die Stelle nicht nur bekommen, sondern auch behalten.‹

Er bekam die Stelle. Ich nehme an, weil er sehr gute Zeugnisse hatte, aber vielleicht auch, weil er so ehrlich war. Aber das kann man hinterher schwer sagen.

Davor hatte er mal einen Aushilfsjob als Kellner, und als er es da später mehr beiläufig erzählte, wurde er entlassen. Natürlich offiziell nicht wegen seines Schwul-Seins, sondern weil man plötzlich Personal abbauen musste. Dabei bekam er die meisten Trinkgelder, weil er immer gut drauf war und flott arbeitete. Wahrscheinlich hat diese Erfahrung auch etwas damit zu tun gehabt, dass er es bei der festen Anstellung in dem Arbeitsvermittlungsbüro sofort sagte.

Jan erzählte uns, dass er mit seinen Kollegen befreundet sei und jeder ihn so nimmt, wie er ist. Da werden keine Witze gemacht oder wird hinter seinem Rücken über ihn geredet.«

»Spielt die Haltung der Kirche für Sie eine Rolle?«

Gertrud Matthiessen weist auf eine architektonische, farbige Kirchenzeichnung an der Wand.

»Die ist schon seit über hundertsechzig Jahren im Besitz unserer Familie. Ich liebe sie sehr. Aber wenn ich an die Kirche und ihre Glaubenslehren denke, dann habe ich immer das Gefühl, sie ist wie diese Zeichnung: Ein guter Entwurf, man hätte viel daraus machen können, aber leider ist nichts daraus geworden. Sie ist irgendwann im Mittelalter stehen geblieben und nicht das Haus geworden, das wir uns als Haus Gottes gewünscht haben. Aber das heißt ja noch nicht, dass wir Gott nicht auch woanders finden können. Wir sind katholisch, gehen hin und wieder in die Kirche, aber wie gesagt, ich bin Gott auch nahe, wenn ich durch den Wald gehe oder einen Sonnenuntergang beobachte. Auf die Idee, mit unserem Pastor über Jans Veranlagung zu reden, wäre ich nie gekommen. Es ist mir nämlich vollkommen egal, was er dazu sagen würde.

Jan kann sich manchmal schon ereifern, wenn er in den Medien hört, was die Kirche über Homosexuelle zu sagen hat. Aber ihn trifft das natürlich auch noch anders. Allerdings glaube ich nicht, dass er deswegen große Probleme hat, denn auch darüber haben wir mal geredet. Da sagte er unter anderem: ›Wie soll man Vertreter einer Kirche ernst nehmen, die heute noch behaupten, dass der Beischlaf nur zur Zeugung erlaubt sei? Damit werden ja nicht nur Homosexuelle diskriminiert, sondern auch normale Ehepaare, die keine Kinder (mehr) wollen, oder ältere Menschen, die doch auch nicht unbedingt jenseits von gut und böse sein müssen. Ganz davon zu schweigen, was diese Dogmen in den Ländern anrichten, in denen jedes zweite Kind an Hunger zu Grunde geht.‹«

»Haben Sie bezüglich Jans Veranlagung irgendwelche Ängste?«

Gertrud Matthiessen überlegt eine Zeit lang.

»Eigentlich sind das die ganz normalen Ängste, die man als Mutter sein Leben lang wohl behalten wird: dass die Kinder gesund bleiben, dass sie ihre Arbeit behalten, eben, dass sie glücklich sind.

Zu Anfang habe ich mir wegen Aids mehr Gedanken gemacht. Aber da wechselte Jan auch seine Freunde öfter. Er hat uns sozusagen geschworen, dass er immer vorsichtig sein würde. Jetzt hat er schon vier Jahre einen festen Freund. Der, der über ihm im Haus eine Wohnung gekauft hat. Ein sehr netter, junger Mann, der bei einer Fluggesellschaft einen gut bezahlten Job hat.

Ich muss gerade an Jans letzten Geburtstag denken. Da hat Hans, so heißt sein Freund, eine Surprise-Party für Jan organisiert. Mein Mann und ich und die Brüder waren auch eingeladen. Und viele Freunde der beiden. Das sind übrigens in erster Linie Hetero-Paare. Ich glaube, dass nur noch zwei Homosexuelle anwesend waren. Jan sagte mal, er suche sich seine Freunde auch nicht nach ihrer sexuellen Veranlagung aus.

Na ja, auf jeden Fall war das ein großes Happening. Da merkten wir, wie beliebt Jan bei seinen Kollegen und Freunden und Freundinnen ist. Das hat uns doch sehr gut getan.

Ich glaube, ich kann sagen, dass unser Wunsch, dass er glücklich werden soll, für ihn in Erfüllung gegangen ist.«

Kommentar

In diesem Interview werden etliche Themen angesprochen, die bereits in anderen Interviews behandelt worden sind: so die häufig zu beobachtende Sensibilität schwuler Kinder und Jugendlicher, die stärker ausgeprägte homophobe Haltung von Männern sowie die unheilvolle Gleichsetzung von Homosexualität und Pädosexualität.

Bei dem Problem, das Herr Matthiessen anfangs mit der gleichgeschlechtlichen Orientierung seines Sohnes hatte, kommt als besonderer Umstand noch hinzu, dass er *als Jugendlicher Opfer eines Übergriffs* durch einen Jugendgruppenleiter war. Wie die Reaktion des Vaters auf die Eröffnung seines Sohnes, schwul zu sein, zeigt, haben derartige Erlebnisse einen starken Einfluss auf die weitere Entwicklung des betreffenden Menschen und prägen vor allem die Einstellung gegenüber gleichgeschlechtlichen Orientierungen, auch wenn (wie beim Kommentar zum 5. Interview ausgeführt) Homosexualität und Pädosexualität zwei voneinander völlig unabhängige Dinge sind.

Auch das Thema der *Diskriminierung im beruflichen Bereich* ist bereits im Kommentar zum 5. Interview angesprochen worden. Dort ging es aber nur um den Arbeitgeber katholische Kirche. Frau Matthiessen erwähnt nun eine positive Erfahrung, die ihr

Sohn an seiner jetzigen Arbeitsstelle gemacht hat, in der er bereits im Vorstellungsgespräch seine gleichgeschlechtliche Orientierung zur Sprache brachte. Wie Studien aus Deutschland und der Schweiz zeigen, ist die Situation am Arbeitsplatz jedoch keineswegs so einfach, wie man aufgrund der Schilderung von Jans Erfahrung annehmen könnte. Die Studien berichten von einem hohen Prozentsatz von Diskriminierungen am Arbeitsplatz (in Deutschland 81 %, in der Schweiz 65 %).

Es ist erstaunlich und auf den ersten Blick vielleicht irritierend, dass es die gleichen Prozentsätze sind wie bei sexueller Belästigung von Frauen am Arbeitsplatz. Tatsächlich ist diese Übereinstimmung keineswegs so erstaunlich, wenn wir bedenken, dass Homophobie (oder Heterosexismus, d. h. die Heterosexualität ist die allein akzeptierte sexuelle Orientierung), Rassismus, Antisemitismus und Sexismus eng miteinander verbunden sind. Letztlich geht es bei allen diesen Einstellungen um die Ausübung von Macht durch Diskriminierung und Unterdrückung anderer Menschen aufgrund ihrer Zugehörigkeit zu einer bestimmten ethnischen oder religiösen Gruppierung, aufgrund ihres Geschlechts und aufgrund ihrer sexuellen Orientierung. Insofern ist es keineswegs verwunderlich, dass wir von fast identischen Prozentangaben für sexuelle Belästigung von Frauen am Arbeitsplatz und für Diskriminierung von Lesben und Schwulen in der Arbeitswelt erfahren.

In den Studien zur Diskriminierung von Lesben und Schwulen am Arbeitsplatz kommen die Autorinnen und Autoren zum Schluss, dass es keine Strategie gibt, die prinzipiell empfehlenswert ist. Während in einem Fall die offene Deklaration der eigenen gleichgeschlechtlichen Orientierung eine gute Strategie ist und vom Umfeld positiv aufgenommen wird (wie bei Jans jetzigem Arbeitgeber), ist dieses Vorgehen in einem anderen Fall völlig kontraproduktiv und hat verhängnisvolle Folgen (Beispiele dafür sind Jans Erfahrungen am früheren Arbeitsplatz und die des Organisten im 5. Interview). Dies macht die Situation im beruflichen Bereich für Lesben und Schwule sehr schwierig, denn sie müssen stets von neuem entscheiden, ob überhaupt und gegebenenfalls wann sie sich über ihre gleichgeschlechtliche Orientierung äußern wollen.

Auf ein spezielles, viele Eltern von Schwulen bewegendes Thema sei anlässlich dieses Interviews noch ausführlicher eingegangen: Es ist das (bereits im 5. Interview erwähnte) Problem der *HIV-Infektion*. Frau Matthiessen spricht von ihrer Angst, die gleichgeschlechtliche Orientierung ihres Sohnes berge die Gefahr einer HIV-Infektion in sich, zumal er anfangs zu verschiedenen Männern intime Beziehungen gehabt habe. Im 5. Interview erwähnte Frau Lehmkühler, dass ihr Sohn Jürgen seit drei Jahren HIV-positiv sei. Als in den frühen 80er Jahren in Europa HIV-Infektionen und manifeste Aids-Erkrankungen auftraten, schien es sich allein um eine Erkrankung von Schwulen zu handeln (fundamentalistische, homosexualitätsfeindliche Kreise sprachen sogar – in äußerst diskriminierender Weise – von einer »Schwulenseuche«). Schon bald aber wurde klar, dass Menschen jedweder sexuellen Orientierung gefährdet sind und deshalb heute in allen sexuellen Beziehungen und Partnerschaften die HIV-Gefährdung Thema sein muss.

Was schwule Männer angeht, ist dabei dreierlei zu berücksichtigen:

Erstens sind die Anti-Aids-Kampagnen anfangs vor allem von Schwulen getragen worden und haben bei ihnen zu erheblichen Veränderungen des Sexualverhaltens im Sinne des Safer Sex geführt. In den gleichgeschlechtlichen Partnerschaften wird deshalb heute – und soweit ich sehe in einem größeren Ausmaß als in heterosexuellen Beziehungen – das Thema der HIV-Gefährdung von vornherein offen angesprochen, und die Partner treffen miteinander entsprechende Vereinbarungen.

Zum Zweiten stellt die Tatsache, HIV-positiv zu sein, infolge der neuen Behandlungsmethoden heute längst kein Todesurteil mehr dar und heißt keineswegs, dass der Betreffende und seine

Beziehungspersonen mit dem baldigen Lebensende rechnen müssen. HIV-positiv zu sein stellt schwule Männer jedoch vor die Aufgabe eines zweiten Coming-out, nämlich zu entscheiden, wem sie wann und in welcher Form über ihre Infektion berichten wollen bzw. aus ethischen Erwägungen berichten müssen. Dies kann vor allem am Anfang von Partnerschaften zu schwierigen Situationen führen. Erwähnt der HIV-Positive die Infektion beim ersten Zusammentreffen (das selbstverständlich »safe« abläuft), so besteht möglicherweise die Gefahr, dass der Partner sich nicht weiter auf diese Beziehung einlässt. Wartet der HIV-Positive hingegen lange, bevor er sich offen äußert, so kann der Partner dies als Hintergangen-Werden empfinden und gerade deshalb die Beziehung abbrechen.

Zum Dritten darf nicht vergessen werden, dass die Aids-Erkrankung nach wie vor von breiten Bevölkerungsteilen stark negativ erlebt wird und HIV-Positive und manifest Aids-Kranke vielfach nicht mit der positiven Anteilnahme rechnen können, wie sie anderen Kranken im Allgemeinen entgegengebracht wird. Dies macht es nicht wenigen HIV-positiven und Aids-kranken schwulen Männern schwer, ihre Situation dem Umfeld offen zu kommunizieren, müssen sie unter Umständen doch mit einer zweifachen Diskriminierung und Ausgrenzung rechnen: zum einen wegen ihrer Homosexualität und zum anderen wegen ihrer Erkrankung. Umso mehr sind sie deshalb im Falle einer Erkrankung auf die Solidarität und Unterstützung vom Familien- und Freundeskreis angewiesen, wie Jürgen (s. Interview 5) sie erlebt. Schließlich ist aber auch zu berücksichtigen, dass Eltern von Schwulen heute davon ausgehen und insofern beruhigt sein können, dass ihre Söhne gut über die Safer-Sex-Regeln informiert sind und sich dementsprechend verhalten werden.

U. R.

8. »Man zerbricht an der Lüge«

Interview

Herbert Römer (56) treffe ich in einer Raststätte an der Autobahn, dreißig Kilometer von seinem Wohnort entfernt. Er steht bei meinem Eintreten auf und winkt mir von dem Ecktisch aus unauffällig zu.

Er ist größer, als ich nach der sanften Stimme am Telefon gedacht hatte, trägt einen modischen Blazer zur Jeans und hat einen gepflegten Kurzhaarschnitt.

»Ich habe bis zur letzten Minute gezögert, ob ich wirklich kommen sollte«, sagt er, und seine grauen Augen mustern mich prüfend.

»Erzählen Sie mir von Nick«, bitte ich nach einigen einleitenden Sätzen. Herbert Römer zögert einen Moment, nickt dann bedächtig.

»Okay, bringen wir es hinter uns. Ich tue dies nur, weil ich weiß, dass Schweigen bestimmt nicht der richtige Weg ist. Ich habe es selbst erfahren. Und deswegen kann ich auch nicht bei Nick beginnen, sondern muss ich erst von mir erzählen:

Ich war dreizehn oder vierzehn, als ich merkte, dass mich der Anblick von Jungen mehr erregte als der von Mädchen. Aber als ich dreizehn war, waren wir in Deutschland in den prüden Nachkriegsjahren. Über Sex sprach man nicht. Darüber wurden unter Jungen auf dem Schulhof höchstens Zoten gerissen. Dabei wussten wir oft nicht einmal, was das richtig bedeutete. Das heißt, *ich* wusste nicht, was es bedeutete. Aber ich gehe mal davon aus, dass es bei den anderen nicht anders war.

Jedenfalls wusste ich nichts über Homosexualität. In unserer Straße wohnte ein Mann, über den getuschelt wurde, dass er ›andersherum‹ sei. Er trug immer einen gelben Schal. Lange

Zeit dachte ich, dass sein ›Andersherum-Sein‹ etwas mit dem Schal zu tun hatte. Wie ein Zeichen oder so.

Auf jeden Fall wollte ich durch nichts in der Schule auffallen, also passte ich genau auf, wie die Jungen sich verhielten, die in der Klasse den Ton angaben. Ich ahmte ihren Gang nach, hielt die Hände tief in den Taschen vergraben und war froh, dass sie mich voll und ganz als einen der ihren akzeptierten. Vielleicht auch deshalb, weil ich im Sport einer der besten war. Trotzdem war ich heilfroh, als die Schulzeit vorbei war. Irgendwie hatte ich das Gefühl, mich jeden Tag aufs Neue als durch und durch männliches Wesen beweisen zu müssen.

Ich machte dann eine Banklehre, und da war es nicht mehr nötig, den großen Macho, wie man heute sagt, herauszuhängen. Bei uns zu Hause ging alles seinen normalen Gang. Mein Vater war aus dem Krieg als Schwerbeschädigter zurückgekommen, und meine Mutter arbeitete als Friseuse. Ich kann mich nicht erinnern, dass ich mit meinen Eltern jemals über meine Gefühle gesprochen hätte. Sie waren froh, dass ich ihnen wenig Probleme machte. Ich trieb mich nicht herum, hatte keine schlechten Freunde – hatte eigentlich überhaupt keine – und steckte meine Nase in Bücher aller Art. Um nicht ganz und gar wie ein Bücherwurm auszusehen, hatte ich mir Hanteln angeschafft und lief viermal die Woche bei Wind und Wetter morgens um sechs durch unseren Stadtpark. Den Begriff ›Jogging‹ gab es noch nicht, aber genau das war es wohl. Mir half es, meine Energie abzubauen.

In der Bank lernte ich dann auch meine zukünftige Frau kennen. Ich war gerade neunzehn und hatte noch keinerlei Erfahrungen mit Frauen. Irene kam aus einem sehr behüteten Elternhaus. Wir begannen, miteinander zu gehen: ins Kino, spazieren und hin und wieder zum Tanztee. Als ich sie küsste und zu streicheln begann, sagte sie mir, dass ›gewisse Dinge zu versuchen‹ bei ihr keinen Sinn hätte. Sie würde sich nicht vor der Ehe wegwerfen.

Ich war ziemlich erleichtert, denn nur ein anständiges Mädchen würde nicht merken, dass ich selbst keine Erfahrung hatte. Außerdem war ich überzeugt, dass meine mehr oder weniger anders gearteten Vorstellungen und Wünsche durch die Ehe verschwinden würden.

So heirateten wir ziemlich schnell, so schnell, dass ihre Eltern mir auf den Zahn fühlten, ob wir eventuell heiraten *müssten*. Glaubhaft beteuerte ich ihnen, dass ich ihre Tochter zu sehr respektiere und dass ich bis zur Hochzeit warten würde.

Ich mochte Irene, sagte damals auch, dass ich sie liebte. Ich wollte sie wirklich lieben.

Na ja, die ersten Jahre gingen dann auch irgendwie. Irene war nicht sonderlich an Sex interessiert, und das war mir recht. Sie wurde dann schwanger und bekam Nick. Ich hatte bei seiner Geburt sehr zwiespältige Gefühle. Einerseits war ich froh und glücklich, einen Sohn zu haben, andererseits befürchtete ich, dass ich ihm nicht der Vater sein könnte, den ein Junge haben sollte. Denn inzwischen war mir sehr wohl bewusst geworden, dass ich homosexuell war. Ich vergrub mich in meine Arbeit und schwor mir, dass nie jemand etwas davon merken würde. Außerdem würde ich diesen Gefühlen nicht nachgeben. Ich beschloss, zölibatär zu leben. Irenes schwaches Bedürfnis nach sexueller Intimität war nach Nicks Geburt gänzlich erloschen. Nick wuchs heran, und ich hatte das Gefühl, in einen Spiegel zu sehen. Er war dreizehn, als ich an kleinen Gesten zu bemerken glaubte, dass er homosexuell sei. Ich kann das nicht genau benennen, aber irgendwie sah ich in Nick immer wieder mich in dem Alter. Dazu kam, dass er mir auch äußerlich sehr ähnelte.

Ich war verzweifelt, weil ich glaubte, ich hätte ihm meine Veranlagung vielleicht vererbt. Ganz sicher bin ich mir immer noch nicht, dass es nicht so ist, aber ich kann es ja doch nicht mehr ändern.«

»Hat Nick sich Ihnen dann anvertraut?«

»Nein, er hat es erst seiner Mutter gesagt. Irene nahm es ziemlich gefasst auf. Das wundert mich bis zum heutigen Tag. Sie hatte immer einen viel innigeren Kontakt zu Nick als ich. Ich habe irgendwie bewusst die Schotten dicht gemacht, damit mein Sohn nicht merkt, wie und wer ich bin. Seltsamerweise hatte meine Frau große Bedenken, wie ich Nicks ›Outing‹ auffassen würde. Wir haben nie viel über intime Themen geredet. Unser Sexualleben fand nicht mehr statt, und wir waren gute Kameraden geworden. Das heißt, so sah es aus, denn etwas Entscheidendes wusste und weiß sie ja nicht von mir.

Ich glaube auch, dass sie die sexuelle Seite von Nicks Veranlagung ganz bewusst verdrängt.

Als Nick es mir dann sagte, bestätigte sich nur mein jahrelanges Vermuten. Er war zwanzig und hatte seinen ersten Freund.

Irgendwie hatte ich mich in Gedanken oft auf diese Unterredung vorbereitet. Ich hatte das Gefühl, dass meine Schuld, ich meine homosexuell zu sein, durch ihn ans Tageslicht kam. Andererseits wünschte ich ihm nicht so ein Leben, wie ich es geführt habe und noch führe. Irgendwie zerbricht man an der Lüge. Ich habe oft das Gefühl, mir selbst zuzusehen. Dazu kommt, dass ich seit Jahren an unerklärlichen Magenbeschwerden leide. Die Krämpfe treten in Schüben auf und sind wirklich fast unerträglich. ›Psychosomatisch‹, sagen die Ärzte und raten mir, weniger zu arbeiten. Dabei ist die Arbeit mein einziger Halt.

Mein eigenes Leben ist eine große Farce geworden: Der erfolgreiche Bankier mit seiner religiösen Frau in dem hübschen Haus und mit dem reizenden Jungen. Nun, zumindest der reizende Junge ist schwul.

Das geschah mir recht.

So empfand ich es.

Und ich sagte dann auch zu Nick: ›Ich hoffe, du weißt, was du tust. Auf jeden Fall will ich nicht, dass du jedermann Theater vorspielst. Wenn du schwul bist, dann bist du schwul. Meinen Segen hast du.‹

Das hat Nick umgehauen. Wie gesagt, unser Kontakt war nie so innig, und er hatte geglaubt, dass mir unser guter Ruf und so weiter wichtiger sei. Er sagte mir auch, dass er meine Haltung ganz toll fände, und ich glaube, es war das erste Mal seit langer Zeit, dass er mich umarmte. Aber das gerade konnte ich nicht. Körperlicher Kontakt versetzt mich in Panik. Und wenn der Kontakt mit Nick zu intim werden würde, dann könnte ich eines Tages meine Fassade nicht mehr aufrechterhalten.

Schon jetzt fällt es mir schwer, wenn ich ihn mit seinem Freund sehe. Den letzten Freund hat er seit fünf Jahren, und es ist eine sehr innige Beziehung. Es schmerzt zu sehen, was ich mir und wahrscheinlich auch meiner Frau – ich meine, in einer anderen Beziehung – vorenthalten habe.«

»Wissen Freunde und Bekannte von Nicks Veranlagung?«

»Ja! Ich glaube, es gibt in unserem Bekanntenkreis niemand, der nicht weiß, dass Nick schwul ist. Und was ich *für mich selbst* nie gewagt hätte, kann ich *für Nick* wohl: darüber reden, als wenn es die natürlichste Sache der Welt wäre. Alle Argumente anführen, warum Homosexuelle in unserer Gesellschaft nicht mehr diskriminiert werden dürfen und warum man darüber reden muss. Theoretisch kenne ich alle Argumente, und ich gelte seitdem bei meinen Bekannten als moderner, aufgeschlossener Vater.«

Herbert Römer lächelt mich mit traurigen Augen an.

»Sie verstehen, dass das auch nur eine Farce ist, nicht wahr? Ich rede für meinen Sohn, obwohl ich eigentlich mich selbst meine. Und ich selbst habe nicht mehr den Mut und die Kraft, mich zu meiner Veranlagung zu bekennen. In mir ist etwas zerbrochen.

Die Haltung meiner Frau bewundere ich. Wie gesagt, sie war immer sehr religiös. Aber ich habe sie wohl unterschätzt: Es ist eine tiefer gehende Gläubigkeit, die sich nicht durch kirchliche Dogmen beirren lässt. Ihr Verhältnis zu Nick ist höchstens noch inniger geworden. Auch Nicks Freund Leo behandelt sie wie einen zweiten Sohn. Ihre Eltern lehnen Homosexualität ab, aber Nick lieben sie zu sehr, als dass sie sich ihm gegenüber negativ darüber äußern würden. Das Gleiche gilt für meine Eltern. Es ist kein Thema. Und das akzeptiere ich.

Wir sind alle ein Produkt unserer Erziehung. Für mich selbst möchte ich allerdings hinzufügen, dass es auch die prüde Zeit war, in der ich aufwuchs, und meine eigene Schwäche. Ich will den schwarzen Peter nicht jemand anderem zuweisen. Ich hatte nie den Mut, ›anders‹ zu sein, Widerspruch herauszufordern, für meine Veranlagung einzutreten. Was das betrifft, hat Nick einen viel stärkeren Charakter, als ich ihn jemals hatte. Denn auch wenn sich einiges verändert hat, so hat Nick doch auch schon am eigenen Leib Diskriminierung erfahren. Im Zug sind er und sein Freund einmal von einigen angetrunkenen Jugendlichen angepöbelt worden, obwohl sich die beiden in der Öffentlichkeit immer sehr zurückhaltend benehmen. Aber allein schon, *dass* sie sich zurückhaltend benehmen müssen, zeigt doch, wie dünn das Eis ist, auf dem sie jeden Tag gehen.

Nick hat Geschichte und Biologie studiert, aber seinen Wunsch, als Lehrer zu arbeiten, hat er frühzeitig aufgegeben. Er hat selbst erkannt, dass er wahrscheinlich wenig Chancen auf eine Anstellung hätte, wenn er sich zu seiner Veranlagung bekennen würde. Jetzt hat er glücklicherweise einen guten Job an einem wissenschaftlichen Institut bekommen. Dort weiß man, dass er homosexuell ist, und es ist anscheinend kein Problem.«

»Wovor haben Sie am meisten Angst?«

»Was Nick betrifft? Eigentlich keine, kann ich sagen. Er hat das geschafft, was ich nie konnte: sich zu seiner Veranlagung bekannt und lebt ein erfülltes Leben. Sein Freundeskreis ist groß, und er ist sehr beliebt. Wenn meine Frau und ich mal zu einer Feier eingeladen werden, bei der auch einige seiner homosexuellen Freunde anwesend sind, schnürt es mir die Kehle zu. So hätte ich auch leben können, wenn ich nur ein wenig mehr Courage gehabt hätte. Natürlich haben sie alle auch ihre Probleme, aber sie laufen nicht davor weg.

Ich wollte nicht kämpfen. Aber das Leben ist nun mal ein Kampf. Und wenn man nicht bereit ist zu kämpfen, kann man sich auch gleich hinlegen und sterben. Irgendwie habe ich das auch wohl getan …

Und Aids? Aids ist für Nick kein größeres Problem als für jeden anderen in unserer Gesellschaft, der geschlechtlich aktiv ist. Er vertraut darauf, dass sein Freund monogam ist, so, wie sein Freund Leo darauf vertraut, dass Nick monogam ist.

Außerdem wissen wir doch schon lange, dass Aids keine Schwulen-Krankheit mehr ist. Der Mann, der seine Frau mit einer drogenabhängigen Prostituierten betrügt, läuft das gleiche Risiko, sich anzustecken, wie Homosexuelle, die sich nicht schützen. Noch einmal abgesehen von der immer wieder heruntergespielten aber doch zum Teil vorhandenen Promiskuität. Da ›erbt‹ doch jeder die Geschlechtspartner des anderen, aber nur wenige sind sich dessen wirklich bewusst.

Nein, Angst habe ich eher davor, dass meine Fassade eines Tages zerbröckeln könnte. Ich habe gelesen, dass Homosexuelle Gleichgeartete eigentlich ziemlich schnell erkennen. Und ich frage mich, ob Nick, wenn meine Fassade noch mehr Risse bekommt, nicht das wahre Ich seines Vaters erkennen würde. Und dann wird alles, was ich in den letzten zehn Jahren an Toleranz, Akzeptanz, Mut und Wahrhaftigkeit verkündet habe, ad absurdum geführt.«

Kommentar

Es ist eine tragische Situation, in der sich Herr Römer befindet, und doch könnte sie eigentlich auch zu einer Befreiung aus der bisherigen Enge führen: Sein Leben lang hat er seine eigene gleichgeschlechtliche Orientierung unterdrückt und geheim gehalten, und nun erlebt er, wie souverän sein Sohn mit ebendieser gleichen Orientierung umgeht.

Aufgewachsen in einem prüden Milieu, in dem Sexualität kein Thema sein durfte, war er sich allein überlassen mit seinen ihn selbst verwirrenden Gefühlen und Wünschen. Wie viele andere Frauen und Männer mit gleichgeschlechtlicher Orientierung spürte Herr Römer schon früh, dass Menschen des gleichen Geschlechts eine starke Anziehung auf ihn ausübten. Er hatte in seinem Umfeld jedoch keine positiven Modelle schwuler Männer, wie die heute aufwachsende Generation sie erlebt.

Wie manche andere Männer in seiner Situation hoffte Herr Römer, dass sein gleichgeschlechtliches Begehren in der Ehe »verschwinden« würde. Auch wenn sich diese Hoffnung nicht erfüllte (und sie erfüllt sich auch bei anderen gleichgeschlechtlich empfindenden Frauen und Männern in der Regel nicht), wurden seine inneren Konflikte nicht allzu heftig, weil seine Frau wenig an Sexualität interessiert war. Erst die Wahrnehmung, dass sein Sohn schwul ist, ließ den Konflikt aufbrechen, der seit Jahrzehnten unter der Oberfläche geschwelt hatte. Wie anders wäre vermutlich die Entwicklung von Herrn Römer verlaufen, wenn seine Frau größere sexuelle »Ansprüche« gestellt hätte und damit das Thema Sexualität zwischen den Ehegatten diskutiert worden wäre. Wie anders könnte auch heute noch sein weiterer Lebensweg aussehen, wenn er den Mut aufbrächte, mit Frau und Sohn über seine eigenen Gefühle zu sprechen.

In psychologischen Beratungen treffen wir immer wieder Menschen mit gleichgeschlechtlichen Orientierungen, die – meist durch irgendein zusätzlich belastendes Ereignis – in eine

Krise geraten und vor der Frage stehen, ob sie ein Coming-out wagen sollen. Nach meiner Erfahrung gibt es auf diese Frage keine allgemein verbindliche Antwort. Es geht stets um eine ganz persönliche Entscheidung, die von der Lebenssituation und der Persönlichkeit der betreffenden Person (Coming-out-Prozesse erfordern ein großes Maß an Stärke), aber auch von der Persönlichkeit und der Belastbarkeit der Bezugspersonen bestimmt wird. In den meisten Fällen können wir jedoch davon ausgehen, dass zumindest ein offenes Gespräch über die eigene gleichgeschlechtliche Orientierung für alle Beteiligten eine große Entlastung bedeutet. Ob lesbische Mütter oder schwule Väter sich von ihren Ehegatten trennen, müssen sie dann miteinander, unter Umständen mit fachlicher Unterstützung, klären.

Die Unterdrückung und das Totschweigen der gleichgeschlechtlichen Orientierung ziehen, wie das Schicksal von Herrn Römer zeigt, nicht nur schwerwiegende innere Konflikte nach sich, sondern die dadurch ausgelösten Belastungen können auch zu erheblichen körperlichen Beschwerden führen, bei Herrn Römer zu chronischen Magenbeschwerden. Wir finden solche psychosomatischen (d. h. durch psychische Faktoren ausgelösten) körperlichen Beschwerden bei vielen Konflikten, die ungelöst über lange Jahre hin bestehen. Einerseits sind sie Folgen solcher Dauerbelastungen, Zeichen einer psychophysischen Erschöpfung. Andererseits kann man sie aber auch als Indikatoren verstehen, als hilfreiche Hinweise, die die betreffende Person darauf aufmerksam machen, dass sie in ihrem inneren Gleichgewicht gestört ist und, wie Herr Römer, an sich vorbei lebt.

Herr Römer hat diese Hinweise durchaus wahrgenommen, und besser als seine Ärzte (die als Ursache eine zu große Arbeitsbelastung vermuten) weiß er genau um die Hintergründe seiner Beschwerden. Er ist jedoch nicht in der Lage, den zugrunde liegenden Konflikt aktiv anzugehen und nach Lösungen zu suchen. Wenn er die bisherige Strategie weiterverfolgt, ist zu befürchten, dass es irgendwann zu einem totalen Zusammenbruch kommen wird. Er selbst fürchtet nur den Zusammenbruch seiner Fassade. Tatsächlich aber geht es um die Frage, wie lange er noch an sich vorbeileben kann, zumal sich der Konflikt jetzt durch die offen gelebte Homosexualität seines Sohnes eher noch verschärft hat.

Dies ist die negative Variante, wie das weitere Leben von Herrn Römer verlaufen könnte. Es gibt aber auch Anzeichen dafür, dass sich, wieder durch seinen Sohn, Türen geöffnet haben, die Herr Römer durchaus auch aktiv nutzt. So berichtet er davon, dass er sich vehement für die Akzeptanz von Lesben und Schwulen einsetzt und für seinen Sohn das tut, was er für sich selbst nie gewagt hat: nämlich über Homosexualität zu reden, »als wenn es die natürlichste Sache der Welt ist«.

Es mag sein, dass die Spannung zwischen der Haltung des »aufgeschlossenen Vaters« und der Unterdrückung der eigenen gleichgeschlechtlichen Bedürfnisse den Konflikt immer größer werden lässt und das Leben für Herrn Römer, wie er es jetzt empfindet, immer mehr zur »Farce« wird. Ebenso ist aber auch denkbar, dass das Sprechen über Homosexualität als die »natürlichste Sache der Welt« und das Eintreten für den Sohn, nicht zuletzt aber auch das Beispiel einer beim Sohn wahrgenommenen erfüllend gelebten gleichgeschlechtlichen Beziehung Herrn Römer helfen wird, schließlich vielleicht doch noch den Schritt zu einem, wenn auch späten, Coming-out zu wagen.

U. R.

9. »Mein Sohn ist ein ganz normaler Mann«

Interview

Ingrid Stahl (61) wohnt im ersten Stock eines Patrizierhauses und empfängt mich mit Kaffeeduft und selbst gebackenem Kuchen.

»Kommen Sie, ich habe den Kaffee gerade frisch gebrüht, mit der Hand, nicht mit einer von diesen Kaffeemaschinen. Dann erst schmeckt man, wie Kaffee eigentlich schmecken sollte.«

Als wir uns kurz darauf gegenübersitzen, hat sie zum Rock den passenden Pullover angezogen und schaut mich erwartungsvoll an.

»Fragen Sie nur. Es gibt nichts, was Sie mich nicht fragen können. Ich mache aus meinem Herzen keine Mördergrube.«

»Sie sagten schon im Vorgespräch, dass Sie überzeugt sind, dass Hellmut sich nur in einer vorübergehenden Phase befindet. Wieso sind Sie dieser Meinung?«

»Ach, wissen Sie, als Mutter kennt man doch seinen Sohn. Und Hellmut ist mein einziger. Ich meine, ich habe eine sehr enge Bindung mit ihm. Ganz bestimmt deswegen, weil ich ja schon seit fünfzehn Jahren Witwe bin. Aber ich habe nie an eine neue Verbindung gedacht. Als wir Erich, meinen Mann, begraben haben, da stand ich mit meinem Hellmut am Grab. Ganz fest hat er meine Hand genommen. Fünfzehn war er damals, aber er war nicht wie andere Jungen. Ich meine, er war schon während der Krankheit meines Mannes ein sehr fürsorglicher Sohn, hat mir Arbeit abgenommen, wo er nur konnte. Und ich wusste, auf Hellmut konnte ich auch in Zukunft rechnen. Der würde mich nie im Stich lassen.«

Sie überlegt einen Moment, um dann fortzufahren:

»Nun denken Sie bitte nicht, dass er ein Muttersöhnchen war. Ich sagte ja, ein richtiger Junge. Zweimal in der Woche ging er zum Fußballtraining, oft kam er mit irgendwelchen Verletzungen zurück. ›Der Hellmut, der setzt sich ein, hundertfünfzigprozentig‹, hat mir sein Trainer einmal gesagt. Und so ist der Hellmut immer. Was er tut, das tut er gut. Er arbeitet im Krankenhaus als Pfleger. Sie glauben nicht, wie beliebt er da ist. Bei seinen Patienten, aber auch bei den Kollegen. Wenn jemand mal den Nachtdienst verschieben wollte oder irgendeinen Wochenenddienst, Hellmut war immer bereit einzuspringen.

Als er achtzehn war, da hatte er seine erste Freundin. Erika hieß sie. Ein liebes Mädchen, so zart und empfindsam. Vielleicht, dass sie deswegen dem harten Dienst im Krankenhaus auf die Dauer nicht gewachsen war. Auf jeden Fall gingen die zwei fast drei Jahre miteinander. Ich hatte sie gerne wie eine Tochter, die Erika. Aber dann wurde es doch nichts. Ich meine, sie hörte auf, im Krankenhaus zu arbeiten, und hat dann wohl später jemand anders kennen gelernt.

Eine Zeit lang war Hellmut ganz kaputt, hat noch mehr gearbeitet, aber ich habe ihm immer wieder gesagt: ›Da kommt schon noch eine andere! Du hast noch so viel Zeit!‹

Dann hat er Helga kennen gelernt. In einer Disko. Na, da hatte ich gleich meine Bedenken, aber gesagt habe ich natürlich nichts. Schließlich war Hellmut erwachsen, und ich habe mich nicht in sein Privatleben eingemischt. Er hatte damals auch schon sein Zimmer im Personaltrakt des Krankenhauses. Aber immer, wenn er Zeit hatte, kam er nach Hause. Ja, und dann brachte er Helga mit. Ich dachte gleich: Die ist nichts für ihn. Viel zu dominant, eine berechnende Person. Aber freundlich war ich zu ihr, denn damals dachte ich noch: Das ist eine vorübergehende Sache, also was soll es?! Dann wurde sie schwanger! Ich meine, das war eine Falle, ganz klar. Heutzutage wird ein Mädchen doch nicht mehr schwanger, wenn sie es nicht selbst will. Und natürlich hat Hellmut sie dann geheiratet. So ist er nun mal. Obwohl er kurz vor der Hochzeit einmal ohne Helga zu mir kam. Bedrückt sah er aus.

›Was ist denn, Junge?‹, fragte ich ihn.

›Ich weiß nicht, ob ich das Richtige tue!‹, sagte er nach einigem Herumdrucksen.

Da war ich schon erschrocken. Aber ich habe ihm gesagt:

›Besser vor der Hochzeit, als hinterher. Wenn du sie nicht liebst, dann solltest du nicht heiraten. Für das Kind kannst du ja doch sorgen.‹

›Ich liebe sie aber‹, sagte er.

Na ja, wahrscheinlich war da doch so ein Gefühl, das ihn gewarnt hatte. Auf jeden Fall heiratete er sie. Hellmut war erst zweiundzwanzig, und das ist ja heutzutage auch noch reichlich jung, um so viel Verantwortung als Ehemann und Vater auf sich zu nehmen.

Das mit dem Kind ging dann schief. Helga bekam eine Fehlgeburt. Aber wie sie darauf reagiert hat! So, als mache es ihr nicht viel aus. Hellmut dagegen war ganz kaputt. Es schien, als wäre nicht nur sein Kind gestorben, sondern ein Teil von ihm. Das war natürlich auch so, aber ich wunderte mich, wie schwer er es nahm. Er rutschte in eine richtige Depression ab und verschloss sich auch das erste Mal vor mir. Wenn ich mit ihm darüber reden wollte, sagte er nur immer wieder: ›Lass man, ich muss erst mit mir ins Reine kommen!‹

In so einer Zeit hätte er natürlich eine Frau an seiner Seite gebraucht, die begreift, dass ein Mann trotz aller Männlichkeit auch sehr sensibel sein kann. Aber so war die Helga nicht. Wenn sie zu zweit zu mir kamen, merkte ich an vielen Kleinigkeiten, dass es zwischen den beiden nicht mehr stimmte. Sie hatte einen ganz anderen Ton ihm gegenüber bekommen. Spöttische Bemerkungen waren an der Tagesordnung. So hatte Hellmut zum Beispiel mit einem Krafttraining begonnen. Ich fand das gut, denn er brauchte bei seiner schweren Arbeit im Krankenhaus körperliche Ertüchtigung. Die Pfleger mussten ja auch ordentlich mit zupacken, ich meine kräftemäßig gesehen. Bettlägerige Patienten zu versorgen, ist auch immer eine physische Belastung. Viele Pfleger bekommen Probleme mit dem Rücken. Aber Helga mokierte sich darüber. Ich erinnere mich an einen Ausspruch von ihr: ›Muskeln allein machen noch keinen Mann!‹ Können Sie sich das vorstellen, dass eine Frau ihren eigenen Mann so niedermacht? Hellmut schluckte nur und sagte nichts.

Und das war es wohl. Er hatte nicht die Art, sich gegenüber so einer Frau stark zu machen. Ich meine, wenn sie ihn schon in meiner Anwesenheit so verletzend behandelte, wie war das dann wohl erst, wenn sie mit ihm alleine war? Ein Mann hat doch ein empfindliches Ego, das kann eine Frau ganz schön untergraben. Denken Sie nur daran, wenn sie vor Freunden auch so abfällige Bemerkungen über ihn machte? Also, ich habe schon öfters gelesen, dass eine Frau den Mann zum Versager machen kann, nur weil sie ihm immer wieder irgendwelche Schwachstellen unter die Nase reibt. Da kommt ja dann die Angst vorm Versagen hinzu.

Typisch war auch, wenn ich mal anrief und Hellmut sprechen wollte. Dann sagte sie immer in so einem besonderen Ton: ›Ja, ich gebe dir deinen Sohn!‹ Sie sprach nie mehr von ihrem Mann. Also, ich bin überzeugt, diese Frau hat Hellmut irgendwie impotent gemacht, um es mal so deutlich zu sagen.«

»Wann hat Hellmut sich Ihnen anvertraut?«

»Vor ungefähr zwei Jahren. Da rief er mich erst an, dass er mit mir sprechen wollte. Ich dachte mir gleich, dass es um seine Ehe ging. Helga hatte ich schon eine ganze Zeit lang nicht gesehen. Nur von einer Nachbarin habe ich mal gehört, dass sie sie in der Stadt mit einem anderen Mann gesehen hätte. Nun braucht das normalerweise ja nichts zu bedeuten, aber ich machte mir schon so meine Gedanken.

Ja, und Hellmut kam dann und sah auch wirklich sehr schlecht aus. Ich bekam eine richtige Wut auf die Frau. Und dann sagte er mir als Erstes, dass Helga die Scheidung eingereicht hätte. Irgendwie war ich erleichtert, denn dass sie nicht die Richtige für ihn war, das hatte sich in den letzten Jahren ja wohl deutlich herausgestellt. Aber ich verkniff mir alle negativen Bemerkungen über Helga. Ich hatte in der Vergangenheit schon öfters festgestellt, dass Hellmut das nicht haben konnte.

So sagte ich nur: ›Ich hoffe, dass es dir dann langsam wieder besser geht. Auf diese Art und Weise gehst du ja auch nur vor die Hunde.‹

Da sah er mich mit einem ganz besonderen Blick an.

›Ja‹, sagte er, ›so geht es nicht mehr weiter.‹ Ich merkte, dass er noch etwas sagen wollte, und das war dann auch so.

›Du hast gar nicht gefragt, warum wir uns scheiden lassen? Ich weiß, dass du denkst, dass es Helgas Schuld ist, aber so ist es nicht. Ich bin nämlich kein richtiger Mann für sie. Ich bin homosexuell.‹

Ich dachte, ich träume. Wie konnte er sagen, dass er homosexuell sei? Schließlich hatte Hellmut geheiratet, weil Helga schwanger von ihm war.

Das sagte ich auch und fügte noch hinzu, was das für ein Unsinn sei. Nur weil er sich bei ihr nicht mehr als Mann fühlte, sei er doch nicht homosexuell!

›Du verstehst das nicht, Mutter‹, sagte er, ›ich denke schon seit Jahren darüber nach. Aber ich habe es immer wieder weggeschoben. Ich wollte ganz einfach nicht schwul sein. Ich wollte heiraten, Kinder haben, eben das normale Leben.‹ Er holte tief Luft. ›Aber es hat nicht funktioniert.‹

›Nicht mit Helga‹, protestierte ich, ›aber das heißt doch nicht, dass es mit einer anderen Frau nicht klappen würde. Du bist erst achtundzwanzig Jahre!‹

›Nein‹, sagt er, ›ich weiß, was ich sage. Ich hätte es dir nicht gesagt, wenn ich nicht davon überzeugt wäre.‹«

Ingrid Stahl schüttelt ihren Kopf, verschränkt die Hände fest auf ihrem Schoß.

»Wie konnte er auf einmal überzeugt sein von seinen Gefühlen. Wahrscheinlich liebte er sie noch, und die Tatsache, dass sie die Scheidung eingereicht hatte, hat ihm natürlich einen ordentlichen Schlag versetzt. Er zweifelte wahrscheinlich vollkommen an seiner Männlichkeit. Also, ich sagte dann auch nur, er solle keinen Unsinn reden, das würde sich schon alles wieder einrenken. Ich meinte nicht seine Ehe, sondern seine Zweifel an sich selbst. Einige Monate später wurde er geschieden. Helga hatte anscheinend schon eine Zeit lang bei einer Freundin gewohnt.«

»Haben Sie seitdem wieder mit Hellmut über seine Veranlagung geredet?«

Ingrid Stahl sieht mich etwas irritiert an.

»Welche Veranlagung? Ich bin nach wie vor davon überzeugt, dass es sich um eine vorübergehende Phase handelt. Aber um Ihre Frage zu beantworten: Nein, wir haben seitdem nicht mehr darüber geredet. Er hat mir auch noch nie etwas von einem Freund erzählt. Einmal habe ich ihn gefragt, ob es nicht wieder ein nettes Mädchen in seinem Leben geben würde. Da hat er nur den Kopf geschüttelt.

›Kein nettes Mädchen, Mutter, überhaupt kein Mädchen.‹

Wahrscheinlich meinte er, dass die Zeit noch nicht reif für eine neue Beziehung sei. Von einem Mann hat er jedenfalls auch nichts gesagt.«

»Haben Sie mit Verwandten oder Freunden über Hellmuts ›Phase‹ geredet?«

»Natürlich nicht! Da würde er doch sofort einen Stempel aufgedrückt bekommen. Und wenn er dann wieder mit einer Freundin ankommt, würde man noch weitertuscheln. So etwas bleibt an einem hängen.«

»Könnten Sie sich vorstellen, dass Sie eine eventuelle Homosexualität ihres Sohnes akzeptieren könnten? Vorausgesetzt, es ist keine vorübergehende Phase?«

»Natürlich! Ich bin der Meinung, jeder sollte so leben, wie er glücklich wird. Ich habe überhaupt nichts gegen Homosexuelle. Allerdings muss ich sagen, dass ich persönlich auch keinen kenne. Und manche Typen, die ich im Fernsehen sehe, also die finde ich schon sehr exhibitionistisch. Das ist auch ein ganz anderer Schlag Menschen als Hellmut. Hellmut ist ein sehr männlicher Typ, eben nur sehr sensibel. Aber darüber bin ich ganz froh, denn dieses übertriebene Macho-Benehmen, das ist doch etwas aus der Mottenkiste.«

»Würde die Kirche bei Ihrer Akzeptanz eine Rolle spielen?«

»Überhaupt nicht! Ich bin getauft, evangelisch, Erich und ich sind auch kirchlich getraut und haben Hellmut taufen lassen, aber das ist so ungefähr alles, was ich mit der Kirche zu tun habe. Hin und wieder gehe ich mal in eine Kirche, aber nur wegen der Stimmung und der Ruhe, die da herrscht. Ich meine, außerhalb irgendwelcher Gottesdienste. Ich glaube an einen Herrgott, aber der hat wohl andere Probleme, als sich über so ein paar ›verirrte‹ Schafe aufzuregen.«

»Wie würden Sie reagieren, wenn Hellmut Ihnen doch einen Freund vorstellen möchte?« Ingrid Stahl lächelt gutmütig.

»Sie sind sehr hartnäckig, nicht wahr? Also gut: Ich würde natürlich jeden Freund von Hellmut hier empfangen. Das war in der Vergangenheit auch so. Seine Freunde waren mir immer willkommen. Er kann darauf rechnen, dass ich gastfrei und freundlich bin. So war ich auch zu Helga. Obwohl die mir ja nun wirklich nicht lag.

Aber nochmals, ich bin als Mutter davon überzeugt, dass Hellmut eines Tages wieder mit einem Mädchen nach Hause kommt. Diese Phase geht vorbei. Vielleicht ist es so etwas wie eine Identitätskrise, aber eines Tages wird er schon wieder wissen, wer er ist. Man muss nur ein wenig Geduld haben.«

Kommentar

Bei Eltern, die sich schwer tun mit der Akzeptanz der gleichgeschlechtlichen Orientierung ihres Kindes, finden wir nicht selten die Einstellung, die bei Frau Stahl in diesem Interview zutage tritt. Während ihr Sohn Hellmut schon vor der Ehe gespürt hat, dass er nicht »das Richtige« tut, wenn er die Freundin heirat, klammert sich die Mutter selbst nach der Scheidung und nachdem er ihr eröffnet hat, dass er schwul ist, an die Vorstellung, dies sei nur eine »vorübergehende Phase«, Folge einer unglücklichen Ehe, in der die Frau den Sohn in seiner Männlichkeit verletzt habe.

Mit dieser Haltung verunmöglicht sie ihm jedes weitere offene Gespräch über seine gleichgeschlechtlichen Empfindungen und über seine jetzige Lebensweise. Mit Fragen, ob es nicht wieder »ein nettes Mädchen« in seinem Leben gebe, und mit dem Nicht-ernst-Nehmen seiner Antwort, es werde »überhaupt kein Mädchen geben«, signalisiert sie ihm, dass sie letztlich nicht bereit ist, seine gleichgeschlechtliche Orientierung zu akzeptieren, obwohl sie vordergründig meint, dass sie nichts gegen Homosexuelle habe und bereit sei, jeden Freund, den der Sohn ihr vorstelle, zu akzeptieren. Es ist klar, dass Hellmut der Mutter bei einer solchen Einstellung nichts weiter über sein Leben berichtet, wird ihn doch jede ihrer Äußerungen verletzen, weil sie seine gleichgeschlechtliche Identität rundweg leugnet.

Zu den Argumenten, mit denen Frau Stahl zu begründen sucht, ihr Sohn sei nicht schwul, gehört auch die Vorstellung, Schwule seien unmännlich. Die Tatsache, dass Hellmut ein »richtiger Junge« war, der Freude am Fußball hatte, und der Mutter als »normaler Mann« erscheint, ist ihr Beweis dafür, dass er nicht schwul sein kann. Wie bereits in einigen Kommentaren zu anderen Interviews ausgeführt, ist es absurd und psychologisch nicht haltbar anzunehmen, schwule Männer seien weiblich identifiziert (und Lesben männlich). Kein schwuler Mann zweifelt an seiner Männlichkeit und keine lesbische Frau an ihrer Weiblichkeit. Wenn manche schwule Männer mitunter ein eher weiblich anmutendes Gehabe zeigen, d. h. sich »tuntenhaft« präsentieren, so geht es dabei um ein bestimmtes Rollenverhalten, das nicht bedeutet, dass sie sich als Frauen fühlen. Sie verhalten sich lediglich *wie* Frauen, wobei dies zumeist einen ausgesprochen spielerischen Charakter hat. Außerdem ist zu berücksichtigen, dass das »tuntenhafte« Verhalten nur einen kleinen Teil schwuler Männer betrifft und dass sie dieses Verhalten auch nicht permanent, sondern nur in bestimmten Situationen zeigen.

U. R.

10. »Urteile nicht, damit du selbst nicht verurteilt wirst«

Interview

Jörn Klein (62) kommt zum Interview zu mir nach Hause, da er auf der Durchreise ist.

»So können wir das Angenehme mit dem Nützlichen verbinden«, lächelt er mich über seine Hornbrille hinweg an, »ich wollte Sie schon lange kennen lernen.«

Eine gemeinsame Freundin hat unseren Kontakt vermittelt.

Der warme Sommerabend lädt zum Gespräch im Garten ein.

Entspannt sitzt Jörn Klein mir gegenüber.

»Seit ich pensioniert bin, habe ich mehr Zeit für wirklich wichtige Dinge im Leben«, sagt er, »meine Arbeit als Direktor eines Lebensmittelgroßhandels stand dem doch oft im Wege.«

»Was sind für Sie die wirklich wichtigen Dinge im Leben?«

Er denkt einen Augenblick nach, wieder dieses warme Lächeln.

»Vielleicht die Suche an sich. Die Suche nach dem Sinn von allem, vielleicht auch die Suche nach Gott.«

»Spielte die Kirche eine wesentliche Rolle, wenn wir jetzt über die Veranlagung Ihrer Tochter Anne reden?«

Jörn Klein hat vier Kinder. Anne ist seine jüngste Tochter, achtundzwanzig Jahre alt.

Nachdenklich zündet er sich eine Zigarette an.

»Nicht, was die Akzeptanz meinerseits anging, wohl aber, dass ich bei einer Gesprächsrunde in unserer reformatorischen Gemeinde ganz spontan das Wort ergriffen habe. Ich hatte das vorher nicht geplant, das gab mir mein Herz ein. Es war eine Diskussion über Homos, die in unserer Glaubenslehre verurteilt werden. Ich hörte mir das eine Zeit lang an und wurde immer wütender. Da wurden Bibelstellen zitiert, die man entweder aus dem Zusammenhang gerissen hatte oder aber in dem damaligen Zeitgeist begreifen muss. Außerdem ist die Bibel immer wieder übersetzt worden, sodass man sich fragen sollte, was ursprünglich wirklich darin stand und wie es gemeint war.

Ich ergriff jedenfalls spontan das Wort und sagte, dass meine Tochter Anne lesbisch sei, und sie sei ein prächtiges Mädchen.

›Eigentlich sollte sie hier sitzen‹, sagte ich, ›und für sich selbst reden, aber es ist für mich unzumutbar, wenn hier so über homosexuell veranlagte Menschen geredet wird. Wie kann es jemand wagen, mein Kind zu verurteilen?‹

Ich bin im Allgemeinen sehr beherrscht, aber in diesem Moment gingen meine Emotionen wirklich mit mir durch.

Danach war es erst einmal eine Zeit lang still, und der Gesprächsleiter hielt den Augenblick für eine Kaffeepause für sehr geeignet.

Die Reaktionen mir gegenüber waren sehr positiv, das Gespräch wurde auch viel persönlicher, aber das änderte nichts an der grundsätzlichen Haltung unserer Kirche gegenüber sexuell anders veranlagten Menschen.

Ich kann damit leben, denn die Kirche besteht ja auch nur

aus gewöhnlichen Sterblichen mit ihren Schwächen und Stärken. Wir haben einen guten Pfarrer, schon deswegen gehe ich regelmäßig in die Kirche.«

»Sind Ihre Kinder auch kirchlich engagiert?«

»Nein, keines meiner vier Kinder ist kirchlich engagiert, aber das ist ihre Entscheidung.« – »Wussten sie zum Zeitpunkt dieses Eklats in der kirchlichen Gesprächsrunde schon lange, dass Anne lesbisch ist?«

»Ja, was heißt wissen? Von klein auf hatte ich ein Gefühl, als sei Anne anders als meine beiden anderen Tochter. Ich sagte manchmal scherzhaft, dass ich bei Anne vergessen habe, das letzte kleine Stückchen mitzuliefern. Sie spielte als kleines Mädchen immer lieber mit Jungen, dabei war sie in der Schule ausgesprochen sozial eingestellt und sehr kreativ. Sie entwickelte sich zu einem sehr sportlichen jungen Mädchen, und mit ihren einmeterdreiundachtzig war sie im nationalen Jugendteam im Wasserpolo.

Ich erinnere mich, dass ich damals einmal zu meiner Frau sagte: ›Ich würde mich nicht wundern, wenn Anne eines Tages mit einem Mädchen nach Hause kommen würde.‹

Aber wir haben beide die Einstellung gehabt: Es kommt so, wie es kommen wird. Sorgen haben wir uns darüber nicht gemacht.

Die Sorgen begannen erst, als ich merkte, dass Anne sich in ihrer Haut nicht mehr richtig wohl fühlte. Ich hatte immer einen guten Draht zu ihr und sah an vielem, dass sie nicht glücklich war. Ich fühlte ihre Kämpfe. Es war anscheinend für sie nicht einfach herauszufinden, wer und was sie war. Es ging auf einmal so eine Unruhe von ihr aus. Damals war Anne ungefähr neunzehn Jahre alt und wegen ihres Studiums von zu Hause ausgezogen. Ich hatte für sie ein Haus gekauft, das sie mit anderen Studenten bewohnte. Eines Tages erzählte sie mir, dass sie ein Zimmer an ein junges Mädchen vermietet hätte, das lesbisch sei. Da packte ich den Stier bei den Hörnern. ›Du erzählst jetzt zwar von diesem Mädchen‹, sagte ich, ›aber meiner Meinung nach bist du selbst auch lesbisch.‹

Sie sah mich mit großen Augen an, bekam einen roten Kopf und schluckte. Ja‹, sagte sie dann, ›das ist so.‹

Ich nahm sie in den Arm, denn ich merkte, wie schwer ihr diese wenigen Worte gefallen waren. Sie hatte Tränen in den Augen.

›Vergiss nicht, dass du mir immer gleich wertvoll bleibst‹, sagte ich dann, ›ein Mensch mag und soll so sein, wie er ist.‹

So bin ich glücklicherweise auch erzogen worden, und das ist bis zum heutigen Tage meine feste Meinung. Wenn jemand sexuell anders veranlagt ist, so ist er so geboren, geschaffen, will ich mal sagen, und das sollte die Umwelt akzeptieren.

Aus meiner Jugendzeit erinnere ich mich an einen verheirateten Bäcker, über den jeder munkelte, dass er ›anders‹ sei. Schon als Kind hatte ich mit ihm viel Mitleid, weil auch deutlich zu sehen war, wie unglücklich der Mann mit seiner Verdrängung oder seinem Doppelleben war. Aber so war das damals, über ›solche‹ Menschen wurde in erster Linie gelästert. Heute sollte man das niemandem mehr antun, und jeder sollte sich frei zu seiner Veranlagung bekennen können.

Eine meiner Schwestern hat auch einen homosexuellen Sohn, aber obwohl wir doch aus dem gleichen ›Nest‹ kommen, hatte sie große Schwierigkeiten, die Veranlagung ihres Sohnes zu akzeptieren. Sie hat jedenfalls nie darüber gesprochen. Ich habe dagegen, nachdem Anne sich mir gegenüber geöffnet hatte, nie einen Hehl daraus gemacht.

Anne hat es nach unserem Gespräch dann auch ihrer Mutter und ihren Geschwistern erzählt. Ich war dabei nicht anwesend, aber ich weiß, dass niemand schockiert oder besonders erstaunt war. Wie gesagt, mit meiner Frau hatte ich ja schon einmal darüber geredet, als Anne noch ein Kind war. Wir haben auch im Bekannten- oder Freundeskreis nie negative

Bemerkungen über Anne gehört. Das kann natürlich auch daran liegen, dass man weiß: Ich würde so etwas nicht dulden. An meinen Kindern, auch wenn sie heute erwachsene Menschen sind, darf sich niemand vergreifen. Diese Unruhe, die von Anne ausging, hat sich übrigens erst gelegt, als sie vor ungefähr fünf Jahren ihre heutige Freundin kennen lernte. Davor hatte sie keine feste Bindung. Seitdem sie mit Clara zusammenlebt, ist sie wieder ausgeglichen und fröhlich. So, als hätte sie endgültig ihre Bestimmung gefunden.

Meine Beziehung zu Anne ist vielleicht durch die schwierige Zeit, die sie selbst durchmachte, noch enger als vorher geworden. Aber das ist natürlich im Nachhinein schwierig zu beurteilen.

Tief schürfende Gespräche über ihre Veranlagung haben wir nie geführt. Nach ihrem ›Outing‹ war sie fühlbar erleichtert, aber das war für mich kein Anlass, weiter in sie zu dringen. Sie musste selbst sagen, ob sie weiter darüber reden wollte.

Trotzdem herrscht eine andere Art Offenheit zwischen uns. Das ist schwer in Worte zu fassen, manchmal nur eine Bemerkung, ein halber Satz, aber wir verstehen einander und fühlen uns gut in die Stimmung des anderen ein.«

»Hat Anne jemals berufliche Diskriminierung erfahren?«

Jörn Klein schüttelt den Kopf.

»Das wüsste ich bestimmt. Sie hat eine gute Stellung bei einer christlichen Gewerkschaft. Es ist dort auch bekannt, dass sie mit einer Frau zusammenlebt. Es war nie ein Thema für ihre Kollegen, darüber negative Äußerungen zu machen. Ich muss allerdings auch sagen, dass Anne sich in keiner Weise provozierend benimmt. Ihre Freundin dagegen hat eine andere Art. Sie hält als Pädagogin auch Lesungen über Homos an Schulen. Jeder eben so, wie er glaubt, dass es für ihn richtig sei, und wie es seinem Charakter entspricht.« Jörn Klein zündet sich eine neue Zigarette an und betrachtet nachdenklich die Glut.

»Und doch ist da ein Punkt, bei dem ich Schwierigkeiten haben würde. Ich meine, wenn Anne sich entschließen würde, sich künstlich befruchten zu lassen. Irgendwie widerspricht das meinem ganz ureigenen, persönlichen Gefühl. Ich weiß zwar, dass ich ihre Entscheidung akzeptieren würde, denn ich habe mich schließlich nicht in ihr Leben einzumengen, aber über diesen Zwiespalt habe ich schon des Öfteren nachgedacht. Dabei ist das Thema von Anne und ihrer Freundin noch nie mit uns besprochen worden. Aber wenn ich sehe, wie liebevoll Anne mit ihren Nichten und ihrem kleinen Neffen umgeht, mache ich mir natürlich so meine Gedanken. Doch letzten Endes würde ich ihr Kind genauso lieben, wie ich meine anderen drei Enkelkinder liebe. Davon bin ich überzeugt.«

Jörn Klein lächelt wieder, diesmal mit ein wenig Selbstironie.

»Trotzdem, im Moment bin ich froh, dass sich Anne und ihre Freundin erst einmal einen Hund angeschafft haben. So habe ich noch etwas Zeit, mich an diesen Gedanken zu gewöhnen.«

Kommentar

In diesem Interview besticht die couragierte Haltung, mit der Herr Klein sich hinter seine lesbische Tochter stellt. Er berichtet von einer Erfahrung, die man immer wieder bestätigt sieht: Wenn Angehörige oder Lesben und Schwule selbst offen über die gleichgeschlechtliche Orientierung sprechen, erhalten sie fast immer ein positives Echo. Gewiss lässt sich damit nicht die »offizielle« Haltung der protestantischen und katholischen Kirche verändern. Das offene Gespräch macht aber die Menschen, die unreflektiert diese Ansichten akzeptieren und weitertragen, nachdenklich und regt sie zu einer kritischen Auseinandersetzung an.

In kirchlichen Diskussionen sind es immer wieder einige wenige Stellen aus dem Alten und Neuen Testament, mit denen die Sündhaftigkeit der gleichgeschlechtlichen Orientierung begründet wird: so neben dem Schöpfungsbericht von der Erschaffung von Mann und Frau (Gen 1,27.28; Gen 2,18.22–24) vor allem der Bericht vom Untergang der Städte Sodom und Gomorra (Gen 19) sowie die Aussagen von Paulus in Röm 1,26–27, in 1. Kor 6,9 und in Tim 1,10. Dabei wird indes der historische und soziale Kontext, in dem diese Bibelpassagen stehen, völlig außer Acht gelassen. Es ist hier nicht der Ort, im Detail auf diese Diskussion einzugehen. Dies führt im Allgemeinen auch keinen Schritt weiter: Nur zweierlei sei hier erwähnt:

Zum einen steht hinter dem Beharren auf der Verurteilung der Homosexualität unter Berufung auf die genannten Bibelstellen eine ganz bestimmte, in fundamentalistischen, evangelikalen Kreisen bestehende Bibelauffassung, die davon ausgeht, dass die Bibeltexte als dem Menschen direkt von Gott geoffenbarte Wahrheiten wortwörtlich zu nehmen sind und nicht historisch relativiert werden dürfen – wobei die Vertreter einer solchen Auffassung auch mit etlichen anderen Themen des heutigen Lebens (wie etwa die Rolle der Frau in der Gemeinde) in Konflikt geraten.

Zum anderen ist die Diskussion um die Bibelpassagen, aus denen die Verurteilung der Homosexualität abgeleitet wird, im Grunde müßig, weil die Bibel gleichgeschlechtliche Orientierungen und Lebensweisen in unserem heutigen Sinne gar nicht kennt. Aufgrund der biblischen Texte kann deshalb Homosexualität weder begründet noch abgelehnt werden. Es ist absurd, aus der damaligen Kultur und Sozialstruktur Richtlinien für unser heutiges Leben im 21. Jahrhundert ableiten zu wollen, was ja auch im Hinblick auf andere in den biblischen Texten angesprochene Themen (z. B. Sklaventum) nicht geschieht.

Obwohl Herr Klein kein Problem mit der gleichgeschlechtlichen Orientierung seiner Tochter hat, erwähnt er am Ende des Interviews noch ein Thema, das ihm Mühe macht: Es ist die Möglichkeit einer künstlichen Befruchtung. Auf dieses Thema ist bereits im Kommentar zum 4. Interview ausführlich eingegangen worden. Dass ein so aufgeschlossener Mann wie Herr Klein damit Probleme hat, liegt wohl vor allem daran, dass er sich noch zu wenig damit auseinander gesetzt hat. Es erscheint mir wichtig, dass Eltern von Lesben sich diesbezüglich sorgfältig informieren und das Thema offen mit ihren lesbischen Töchtern und deren Partnerinnen besprechen.

Wie im Kommentar zum 4. Interview ausgeführt, besitzen wir heute bereits detaillierte Befunde aus Langzeituntersuchungen an Kindern, die in »Regenbogenfamilien« aufgewachsen sind. Diese Studien weisen übereinstimmend nach, dass diese Kinder sich genauso gut entwickeln wie Kinder aus heterosexuellen Partnerschaften. Bezüglich mancher sozialer Kompetenzen und im Hinblick auf die Differenziertheit ihrer Rollenvorstellungen von Frauen und Männern zeigen sie sogar einen Entwicklungsvorsprung. Insofern müsste sich Herr Klein keine Sorgen um die Enkelkinder machen, die aufgrund einer künstlichen Befruchtung entstünden. Immerhin räumt er am Ende des Interviews ja auch ein, dass er ein solches Enkelkind genauso lieben würde wie seine anderen Enkelkinder.

U. R.

11. »Wo Liebe ist, da kann nichts Böses sein«

Interview

Maria Hügel begrüßt mich an der Tür ihres kleinen Arbeiterhäuschens. Im winzigen Vorgarten rankt eine Kletterrose an den rotbraunen Backsteinen empor.

»Nehmen Sie doch Platz«, sagt Maria Hügel, lächelt mich mütterlich an, »ich mach uns erst einmal einen Kaffee!«

Während sie in der Küche hantiert, sehe ich mich im Wohnzimmer um: überall Blumen, eine Kommode voll mit Fotos, Spitzendeckchen auf dem Couchtisch und auf dem Ohrensessel.

»Das ist die Erna«, sagt Maria Hügel und weist auf ein großes Foto an der Wand.

Eine nachdenkliche junge Frau schaut mich prüfend an.

»Sie ähnelt mehr meinem Mann«, meint ihre Mutter und schenkt den Kaffee ein, »jedenfalls hat sie äußerlich wenig von mir. Erna ist schlank und rank, und ich habe ja, wie Sie sehen, eher ein paar Pfunde zu viel.« Sie lacht, streicht eine dunkle Haarsträhne aus dem rosigen Gesicht und fügt hinzu:

»Hauptsache ist ja, dass man sich wohl fühlt, nicht wahr? Und ich habe als Witwe mit meinen drei Kindern immer ordentlich zupacken müssen. Mein Mann ist schon seit vierundzwanzig Jahren tot. Achtundsechzig bin ich jetzt, aber ich weiß noch, dass ich, als Erna klein war, oft dachte: Das Mädchen ist einfach zu lieb, zu empfindsam. Da wird man schnell verletzt, wissen Sie.«

»Haben Sie damals auch schon an eine andere sexuelle Veranlagung gedacht?«

»Als Kind? Nein, bestimmt nicht. Ich habe sowieso an ›so etwas‹ nie gedacht. Eigentlich eigenartig, denn ich wusste natürlich, dass es homosexuelle Menschen gibt. Aber das war es dann auch. Ich kannte niemanden.

Als Erna heranwuchs, dachte ich manchmal, dass da wenig ›Männerfleisch‹ dran ist, ich meine damit, ich konnte mir nicht vorstellen, dass sie sich jemals für einen Mann interessieren würde. Aber weiter habe ich auch nicht gedacht. Das finde ich heute noch immer eigenartig. Außerdem hatte sie dann doch Freunde. Aber wenn ich die Typen sah, nein, die passten irgendwie nicht zu Erna. Gesagt habe ich nichts, das ist nicht meine Art, aber gedacht habe ich oft, dass die Erna, wenn sie mit ihrem Freund im Bett liegt, wahrscheinlich die Fliegen an der Decke zählt.« Sie lacht, und die Grübchen in ihren Wangen vertiefen sich.

»Vor elf Jahren«, fährt Maria Hügel fort, »kam die Erna eines Tages zu mir. Sie war ziemlich blass und sagte schon an der Tür, dass sie mir etwas Schlimmes erzählen müsste. Meine erste Reaktion war: ›Bist du schwanger?‹

›Nein‹, sagte Erna, ›noch schlimmer! Ich mag keine Männer!‹ Ich war wirklich erleichtert, denn ganz kurz hatte ich auch an eine unheilbare Krankheit oder so etwas gedacht.

›Ist das alles?‹, sagte ich dann auch nur.

Erna fiel mir um den Hals und heulte.

›Dass du so reagierst!‹

Ich weiß nicht, wie ich anders hätte reagieren können. Aber Erna hatte es selbst wohl sehr schwer gehabt, sich zu ihrer Veranlagung zu bekennen, und war in den letzten Jahren oft sehr unausgeglichen und reizbar gewesen. So sagte dann auch Ernas Schwester Ria nur: ›Ich wollte, du hättest es uns eher erzählt, dann wärst du vielleicht manchmal nicht so unausstehlich gewesen.‹

Ihr Bruder Klaus hat beinahe wörtlich dasselbe gesagt.

Aber alles muss seine Zeit haben, denke ich. Auch die Tatsache, dass Erna es sich selbst eingestehen und uns dann sagen konnte.

Ich habe mit Ernas Veranlagung nie Probleme gehabt und es dann auch Freunden und Bekannten erzählt. Mir gegenüber hat nie jemand etwas Schlechtes über die Erna gesagt, aber was hinter dem Rücken erzählt wird, weiß man ja nicht. Aber das interessiert mich auch nicht. Ich habe versucht, meine drei Kinder zu ordentlichen Menschen zu erziehen, und das ist mir gelungen. Es sind ehrliche und aufrechte Kinder, sie tun etwas für ihre Mitmenschen, und nur das zählt.«

»Glauben Sie, dass Ernas Veranlagung angeboren ist?«

Maria Hügel überlegt.

»Eigentlich ja. Andererseits, wenn ich an Ernas Freunde denke, vielleicht haben die ihre Entwicklung in diese Richtung auch noch gefördert. Das waren wirklich so eigenartige Typen! Auf jeden Fall habe ich mir selbst nie etwas vorgeworfen. Wenn eine Frau keine Männer mag, so liegt das nicht an der Erziehung, davon bin ich überzeugt.«

»Spielt die Kirche eine Rolle in Ihrem Leben?«

›Ja, ich bin sehr religiös. Das hat mir in schweren Zeiten, ich meine, als mein Mann starb, auch immer geholfen. Aber was die katholische Kirche über Homosexuelle denkt, lässt mich vollkommen kalt. Das Gleiche gilt für die Pille oder Beziehungen, die nicht den Segen der Kirche haben. Ich finde, das fällt in die Verantwortung jedes einzelnen Menschen. Kein Pfarrer hat etwas im Schlafzimmer zu suchen. Ich sage immer: Es gibt nur Einen, der verurteilen darf. Und ich glaube nicht, dass Er die Liebe verurteilt. Wo Liebe ist, da kann nichts Böses sein. So ist mein Gottvertrauen.«

»Hat Erna jemals berufliche Schwierigkeiten wegen ihrer sexuellen Veranlagung gehabt?«

»Nein, das hätte sie mir bestimmt erzählt. Denn seit ihrem ›Outing‹ ist Erna viel selbstbewusster geworden. Auch viel gelöster uns gegenüber. Sie arbeitet als Sozialarbeiterin beim Arbeitsamt. Ihr Beruf macht ihr viel Freude, denn diese Veranlagung, anderen Menschen helfen zu wollen, war ja auch von klein auf bei Erna zu bemerken. Jetzt ist es ihr Beruf, anderen zu helfen, und das gibt ihr viel Befriedigung. Sie hat es allerdings nicht gleich zu Anfang ihren Kollegen oder ihrem Chef erzählt. Sie meinte einmal zu mir: Meine sexuelle Veranlagung hat nichts mit meiner Arbeit zu tun. Hat sie ja auch Recht. Später hat sie es dann doch gesagt. Als es sich eben so ergab. Und da war ihre menschliche und berufliche Position schon so, dass man sie akzeptierte, so wie sie ist.«

»Haben Sie irgendwelche Ängste, wenn Sie an Ernas Zukunft denken?«

»Ängste wegen Erna? Nein, bestimmt nicht. Ich will Ihnen ein Beispiel aus unserer Familie geben: Eines meiner Enkelkinder ist hyperaktiv. Das Kind kann man keinen Moment aus den Augen lassen, es braucht eine besondere Schule, Medikamente und stets mehr Aufmerksamkeit als die anderen Kinder. Darüber mache ich mir Sorgen, genau wie meine Tochter Ria. Aber wegen Erna? Sie ist jetzt zweiundvierzig Jahre alt, hat eine gute Position, ist beruflich angesehen, und seit zehn Jahren hat sie auch noch eine liebe Freundin. Die ist mir übrigens hundertmal lieber als die Männer, die Erna vorher gehabt hatte. Die beiden wohnen zusammen, haben sich vor kurzem ein Häuschen gekauft. Aber wichtiger ist, dass man merkt: Zwischen den beiden stimmt es! Mein Kind ist glücklich, na, mehr kann man doch als Mutter nicht wollen?

Man kann sich seine Kinder nicht ›machen‹; man kann sein Bestes als Vater oder Mutter versuchen, aber der Rest ist Glück!

Und ich habe mit der Erna auch Glück gehabt: Sie ist ein liebevoller, warmer Mensch und hat genau eine solche Freundin!«

Kommentar

Dieses Gespräch ist so schön – Frau Hügel ist eine so warmherzige, kluge und verständnisvolle Mutter –, dass ich dazu kaum etwas sagen kann. So sollte, so müsste es immer sein zwischen Eltern und ihren homosexuell liebenden Kindern.

Frau Hügel sagt von sich, dass sie »sehr religiös« sei. Zugleich sagt sie: »Kein Pfarrer hat etwas im Schlafzimmer zu suchen.« Ich kann ihr nur Recht geben: Es kann nicht die Aufgabe der Kirche sein, den Menschen vorzuschreiben, wen sie zu lieben und in welcher Form sie zu leben haben. Übrigens ist nirgendwo in der Bibel von einem Heiratsgebot die Rede.

Ich meine, es kann der Kirche nur darum gehen, dafür zu »werben«, dass Menschen einander in Achtung und Liebe begegnen. Das ist ihr Auftrag: Für die Liebe unter den Menschen zu werben und ihnen zu zeigen, dass die Quelle aller Liebe Gott ist, der sich in unserer Liebe als Grundhaltung gegenüber dem anderen Menschen und aller Schöpfung zur Sprache bringen will. Von daher muss es der Kirche doch immer um den Einsatz für die zu Unrecht Ausgeschlossenen und Abgewerteten gehen. Christus ist das Gesicht der vorbehaltlosen Liebe Gottes. Wollen wir Christen sein und werden, müssen wir auf dieses Gesicht schauen. Zu fragen haben wir als Christen also nur, wie wir Liebe und Achtung vor der Geschöpflichkeit des anderen Menschen leben können. Und da ist es vollkommen gleichgültig, ob wir als homo- oder als heterosexuell liebende Menschen leben.

Der Aussage von Frau Hügel, dass nichts Böses sein kann, wo Liebe ist, ist nichts hinzuzufügen. Sie entspricht der Grundmaxime der Bibel.

Eine Bemerkung sei noch angefügt: Die Tochter Erna hat anfänglich ihr berufliches Umfeld nicht über ihre lesbische Lebensform informiert. Sie hatte völlig Recht mit ihrer Feststellung, dass dies mit ihrer Qualifikation als Sozialarbeiterin nichts zu tun hat. Das würde ich »Betroffenen« generell empfehlen. Auch kein heterosexueller Mensch kommt auf die Idee, seinem Arbeitgeber mitzuteilen, dass er heterosexuell sei. Die sexuelle Orientierung eines Menschen darf auf beiden Seiten, der Arbeitgeber- und der Arbeitnehmerseite, keine Rolle spielen. Es ist darum zu fordern, dass in die Diskriminierungsverbote des Artikels 3, Absatz 3 des Grundgesetzes neben das Verbot der Diskriminierung auf Grund des biologischen Geschlechtes auch die sexuelle Orientierung aufgenommen wird.

Ein solches Antidiskriminierungsverbot oder auch Antidiskriminierungsbeschlüsse kommunaler Arbeitgeber, wie die Stadt Düsseldorf sie beschlossen hat, halte ich für sehr wichtig, weil immer noch die Gefahr besteht, dass ein Arbeitgeber sich

Gründe »suchen« könnte, um einen Arbeitnehmer oder eine Arbeitnehmerin wegen Homosexualität zu entlassen. Und sie befreien homosexuelle Arbeitnehmer und Arbeitnehmerinnen von einem besonderen Druck, sich durch Leistungen Anerkennung zu verschaffen. Ob das bei der Tochter Erna der Fall war, weiß ich nicht. Aber als sie durch ihre beruflichen Leistungen Anerkennung gefunden hatte, konnte sie ihre Lebensform – erst dann? – ohne Schaden offenbaren.

Seit 2001 ist nun in der evangelisch-kirchlichen Landschaft eine Entwicklung eingetreten, die auch dazu beitragen wird, dass homosexuell liebende Männer und Frauen, jedenfalls in der Kirche, selbstverständlicher akzeptiert werden. Im Januar 2001 beschloss als erste evangelische Landeskirche die Landessynode der Evangelischen Kirche im Rheinland die Möglichkeit, mit schwulen und lesbischen Paaren einen Gottesdienst zu feiern. Der Beschluss hat den Titel: »Gottesdienstliche Begleitung gleichgeschlechtlicher Lebensgemeinschaften«. Die Umständlichkeit dieses Titels hat damit zu tun, dass man das Wort »Trauung« vermeiden wollte, das für den Gottesdienst mit heterosexuellen Paaren reserviert bleiben sollte. Auch sonst hat man – mit Rücksicht auf konservative kirchliche Kreise – einige Unterscheidungen zur herkömmlichen Trauung vorgesehen, die aber nichts daran ändern, dass es sich auch bei der »gottesdienstlichen Begleitung« um einen regulären Gottesdienst zu Beginn einer homosexuellen Lebenspartnerschaft handelt.

Jetzt können sich – zumindest in der rheinischen Kirche – schwule und lesbische Paare gegenüber ihrer Kirchengemeinde auf diesen Beschluss berufen. Das haben schon viele homosexuelle Christen getan, und ich bin davon überzeugt, dass auch andere Landeskirchen auf längere Sicht nicht darum herumkommen werden, Gottesdienste für schwule und lesbische Lebenspaare zu ermöglichen.

H.-G. W.

12. »Ich habe als Rollenvorbild versagt«

Interview

Enno Eilers (45) treffe ich nach einer Lesung in einem kleinen Ort im Schaumburger Land. Er mustert mich kritisch, versichert sich noch einmal meiner absoluten Diskretion.

»Ich möchte nicht, dass irgendjemand etwas von meinem Versagen als Vater erfährt. Jahrelang war ich stolz, als allein erziehender Vater einen so guten Job getan zu haben. Aber anscheinend habe ich doch einiges verkehrt gemacht.« Enno Eilers ist von Beruf Computerfachmann, seit zehn Jahren Witwer und allein erziehender Vater seines einzigen Sohnes Siegi.

»Warum glauben Sie, dass Sie einiges verkehrt gemacht haben?«

Der blonde, breitschultrige Mann mir gegenüber vermittelt im Gegensatz zu seinen Worten nicht den Eindruck, als könne er überhaupt etwas falsch machen.

»Ich möchte erst einmal etwas trinken. Was möchten Sie? Natürlich sind Sie mein Gast.«

Einige Minuten später wiederhole ich meine Frage.

»Ja, irgendwie muss es doch an meiner Erziehung gelegen haben. Dabei war ich so stolz, dass ich mit Siegi jahrelang ein richtiges Kumpelverhältnis hatte. Als Siegis Mutter starb, war der Junge zehn. Das war natürlich ein unwahrscheinlicher Schock für ihn. Ein Verkehrsunfall, von einem Tag auf den anderen fehlte die wichtigste Bezugsperson in seinem Leben, das war mir schon klar. Natürlich war ich auch kaputt, aber ich hatte ja noch den Jungen. Irgendwie hatte ich diese Idealvorstellung, dem Jungen auch die Mutter ersetzen zu können. Ist mir wahrscheinlich nicht gelungen.«

Enno Eilers nimmt einen Schluck seines Weinbrands.

»Glauben Sie, dass Siegi homosexuell geworden ist, weil Sie ihm die Mutter nicht ersetzen konnten?«

Er runzelt die Stirn.

»Wenn Sie das so sagen, klingt das natürlich sehr unlogisch. Aber ich habe seit dem letzten Jahr einiges über Homosexualität gelesen, und bis heute ist nicht bewiesen, woher diese Veranlagung kommt. Manche sagen angeboren, manche reden von einem Homosexuellen-Gen, andere glauben, es liege an der Erziehung und dem Umfeld des Kindes. Also, ich persönlich glaube nicht an ein Homosexuellen-Gen, sondern an eine Mischung von Veranlagung und Erziehung. Und da die Erziehung Siegis in den letzten zehn Jahren in meinen Händen lag, habe ich doch wohl irgendwie versagt.«

Er lacht bitter auf.

»Ich habe nur keine Ahnung, warum.«

Er schweigt eine Zeit lang, um dann fortzufahren: »Ich konnte mir für Siegi viel Zeit nehmen. Als so genannter ›Kundenberater‹ – ich besuche für unsern Betrieb Computerbesitzer, die Probleme mit ihrem Rechner haben – konnte ich die meisten Termine so legen, dass ich zu Hause war, wenn er von der Ganztagsschule nach Hause kam. Ich habe nach Iras Tod sogar einen Kochkurs mit Siegi besucht. Ich wollte dem Jungen ein Zuhause geben, auch wenn die Mutter fehlte. Die ersten Jahre ging es auch wirklich ausgezeichnet. Wir waren ein Herz und eine Seele, wie man so schön sagt. In den Ferien fuhren wir zusammen zelten, schwammen, wanderten, spielten Tennis. Zu Hause spielte ich mit ihm am Computer, oder aber wir kochten zusammen. Vor allem aber redeten wir. Ich behandelte ihn nie als Kind, eher als einen Kameraden, einen jüngeren Kameraden, ja.

Hin und wieder hatte ich eine Freundin, aber nie etwas Ernstes. Auch darüber habe ich mit Siegi geredet. Und er war auch nie eifersüchtig. Im Gegenteil, er schien sich mit meinen Freundinnen, wenn sie mal zum Essen kamen, beinahe noch besser zu verstehen als ich.

Eine sagte mal zu mir: ›Mit deinem Sohn wirst du noch einmal schwere Konkurrenz bekommen.‹ Ich meine, er war ausgesprochen charmant gegenüber Frauen und durch unser offenes Verhältnis miteinander bestimmt weiter als andere Jungen in seinem Alter.

So war ich dann auch reichlich verwirrt, als so vor vier, nein, eher fünf Jahren Siegi begann, sich vor mir zu verschließen. Ungefähr fünfzehn war er damals. Natürlich erinnerte ich mich an meine eigenen Pubertätsschwierigkeiten, aber ich hatte auch einen ganz anderen, sehr dominanten Vater gehabt: Widerspruch wurde nicht geduldet. Da gab es jeden Tag Krach! Aber so war ich doch nicht! Ich hatte Siegi aufgeklärt, er wusste, er konnte jedes Mädchen mit nach Hause bringen, solange er mal auf ›Nummer sicher‹ ging. Aber nein, auf einmal blieben die kleinen Freundinnen, die er eigentlich immer hatte, weg, und mein Sohn wurde zum Einzelgänger. Ich kam einfach nicht mehr an ihn heran.«

»Kam Ihnen damals die Idee, dass Siegi homosexuell veranlagt sein könnte?«

»Nein, ganz bestimmt nicht. Er hatte auch keinerlei schwules Benehmen, um das mal so zu sagen. Er ähnelt mir sehr, ich meine äußerlich, und am liebsten läuft er in Jeans und irgendwelchen T-Shirts herum. Von weibischem Benehmen keine Spur. Das hat sich bis heute auch nicht geändert.«

»Hat Siegi sich Ihnen dann anvertraut?«

»Anvertraut?« Enno Eilers greift zum leeren Weinbrandglas, winkt der Kellnerin.

»Nein«, sagt er etwas später, »anvertraut würde ich das nicht nennen. Ich suchte eines Tages, vor einem Jahr ungefähr, eine CD von mir in seinem Zimmer. Da stolperte ich sozusagen über einen Stapel Porno-Hefte. Es waren Porno-

Hefte für Schwule. Und noch heute bin ich überzeugt, dass er wollte, dass ich die Dinger bemerkte.

Okay, dachte ich nach dem ersten Schock, ein Zeichen. Er will mir ein Zeichen geben. Er hat im Moment eine Orientierungsphase, weiß nicht genau, wo es langgeht. Das gibt es, schließlich war ich auch mal in dem Alter, aber das geht vorbei.

Genau das sagte ich auch zu Siegi. Wir aßen abends zusammen, und als Nachtisch legte ich ihm eines der Hefte auf den Tisch.

Er sah mich doch reichlich erschrocken an. Aber ich hatte nicht die Absicht, noch länger drum herum zu reden.

›Es ist normal‹, sagte ich zu ihm, ›ich dachte, ich hätte dir das schon vor Jahren gesagt. Aber anscheinend nicht. Viele Männer haben eine bisexuelle Phase, aber das geht vorbei. Du musst dich nur endlich darum kümmern, dass da ein paar richtige Mädchen kommen.‹«

»Wie war Siegis Reaktion auf ihren gut gemeinten Ratschlag?«

»Er zog die Luft ein, ein, zwei Sekunden sagte er nichts, und dann fiel er wie ein Wirbelsturm über mich her. Ich immer mit meinen Lebensweisheiten, die könne ich mir sonst wo hinstecken, und da wir doch beim Thema seien, er sei schwul, und daran würden auch ein paar ›richtige Mädchen‹ nichts ändern.«

Enno Eilers schweigt. Erst nach einigen Minuten fährt er fort: »Seitdem habe ich ein paar Mal versucht, mit meinem Sohn darüber zu reden, aber er blockt jedes Gespräch ab. Er müsste doch begreifen, dass ich ihm nur helfen will. Ich habe ihm doch in der Vergangenheit auch immer geholfen. Er weiß, dass er sich auf mich verlassen kann.«

»Glauben Sie, dass er auch weiß, dass Sie seine Veranlagung akzeptieren würden?«

»›Akzeptieren‹ ist ein großes Wort. Aber wenn wir darüber

reden könnten, warum er glaubt, homosexuell zu sein, dann wären wir ja schon einen Schritt weiter. Wenn er mir sagen könnte, was ich verkehrt gemacht habe. Ich will und kann einfach nicht glauben, dass mein Sohn ein Homo ist. Ich meine, das hätte ich doch früher merken müssen?«

»Bekennt Ihr Sohn sich auf der Schule zu seiner Veranlagung?«

»Ich glaube nicht, dass er es irgendjemand anderem gesagt hat. Dafür ist er in den letzten Jahren viel zu verschlossen geworden. Er hat zwei Freunde vom Tennis, ich meine, ›normale‹ Freunde, aber die wissen bestimmt nichts, weil ich sonst über die Eltern, mit denen ich auch umgehe, bestimmt schon etwas gehört hätte. Das ist doch auch ein Zeichen, dass Siegi selbst nicht so richtig weiß, was er ist!«

»Spielt die Kirche in diesem Zusammenhang eine Rolle?«

»Die Kirche? Ach du liebe Zeit, nein! Ich bin überzeugter Atheist. Wir leben jetzt, haben unsere Probleme heute. Alles andere ist nur etwas für alte Leute und einsame Herzen. Was die Kirche zu dem Thema Homosexualität sagt, ist mir also vollkommen egal.

Ich möchte wissen, was in meiner Erziehung verkehrt gegangen ist. Wenn wir davon ausgehen, dass jeder bisexuell veranlagt ist und die Erziehung und die Umgebung letzten Endes den Ausschlag geben, ob man homosexuell wird oder nicht: Was habe ich dann verkehrt gemacht? Ich hätte als Vater sein Rollenvorbild sein sollen, aber anscheinend habe ich versagt. Sonst würde mein Sohn heute nicht denken, er sei ein Homo.

Und das ist für mich eine bittere Pille.

Ich darf gar nicht an die Reaktion in unserem Freundes- und Bekanntenkreis denken. Ich meine, in unserem Ort gibt es ganz einfach keine Homos. Und dann mein Sohn! Womöglich denkt man noch, er hätte die Veranlagung von mir! Aber wie soll ich mich für etwas rechtfertigen, das ich selbst nicht begreife? Ich habe mein Bestes getan, um Siegi zu einem brauchbaren Mann zu erziehen. Habe ihn auch mal in den Arm genommen. Aber das kann ja nicht schädlich sein! Und doch zermartere ich mir seit einem Jahr den Kopf und komme einfach nicht weiter. Warum gerade mein Sohn? Das frage ich mich jeden Tag aufs Neue!«

Kommentar

Wie viele Eltern von Lesben und Schwulen stellt sich auch Herr Eilers die Frage, »woher« die gleichgeschlechtliche Orientierung seines Sohnes komme. Gibt es eine vererbte Disposition, oder ist Homosexualität das Resultat einer bestimmten Erziehung? Für ihn, gerade als allein erziehenden Vater, sind dies indes keine theoretischen Fragen, sondern Fragen, auf die er bereits eine – vorgefasste – Antwort hat: »Es muss an meiner Erziehung gelegen haben ... Ich habe als Rollenvorbild versagt.« Dies ist ein bitteres Fazit seiner Überlegungen und eine aus psychologischer Sicht in keiner Weise zutreffende Erklärung. Wie in den Kommentaren zu einigen anderen Interviews bereits ausgeführt, gibt es zweifellos eine erbliche Disposition, und die Entwicklung einer gleichgeschlechtlichen Orientierung hat vor allem nichts mit wie auch immer gearteten Erziehungsfehlern zu tun.

Siegi, der Sohn von Herrn Eilers, hat offenbar spätestens in der Zeit der Pubertät gespürt, dass er mit seiner gleichgeschlechtlichen Orientierung bei seinem Vater keine Akzeptanz finden wird. Das macht verständlich, warum er sich in dieser Zeit mehr und mehr zurückzog und trotz der ursprünglich guten, offenen Beziehung zum Vater immer verschlossener wurde. Gerade weil es eine sonst gute Beziehung war und der Vater für ihn die wichtigste Bezugsperson ist, muss es für Siegi besonders verletzend gewesen sein zu spüren, dass er in der zentralen Dimension seiner sexuellen Orientierung vom Vater nicht ernst genommen und nicht akzeptiert wird. Was blieb dem Sohn in dieser Situation anderes übrig, als schwule Pornohefte so in seinem Zimmer liegen zu lassen, dass der Vater sie finden musste? Aber auch dieser »Wink mit dem Zaunpfahl« ließ keinen fruchtbaren Dialog zwischen Vater und Sohn zustande kommen. Klar, dass Siegi unter diesen Bedingungen alle weiteren Gespräche ablehnte.

Hinter der Ablehnung des Vaters scheint allerdings nicht nur die bange Frage zu stehen, was er in der Erziehung falsch gemacht haben könnte. Gegen Ende des Gesprächs zeigt sich recht deutlich, dass Herr Eilers vor allem fürchtet, sein eigenes Image könne Schaden leiden, wenn bekannt würde, dass sein Sohn schwul ist. Die Eltern von Lesben und Schwulen müssen ihrerseits ja auch einen Coming-out-Prozess durchlaufen, d. h. innerlich die gleichgeschlechtliche Orientierung ihres Kindes bejahen und dazu auch in der Öffentlichkeit stehen. Herr Eilers hat diese Schritte noch nicht getan. Ihm stehen die Sorge, er habe in seinem Rollenvorbild versagt, und die Angst vor sozialer Diskriminierung im Weg.

Dies mag ein individuelles Problem von Herrn Eilers sein, der aufgrund seiner eigenen Lebensgeschichte von sich vielleicht das Bild entwickelt hat, er allein wisse, was richtig und falsch ist, und der sehr bedacht ist auf ein sozial konformes Verhalten. Neben diesem persönlichen Anteil spielt aber sicher wohl auch ein Faktor hinein, den wir bei vielen Frauen und Männern in Ein-Eltern-Familien finden. Es ist die Tatsache, dass sie, sobald irgendwelche Probleme bei ihren Kindern auftauchen, schnell dazu neigen, sich selbst – und das heißt letztlich: ihrer Familienform – die Schuld daran zu geben.

Bei diesen Selbstvorwürfen muss man sich darüber klar sein, dass die Mütter und Väter in Ein-Eltern-Familien damit etwas wiederholen, was ihnen von außen immer wieder vermittelt wird: sie seien keine »vollständige« Familie, sondern »nur« allein Erziehende und böten ihren Kindern damit keine gedeihlichen Entwicklungsbedingungen. Wie im Kommentar zum 4. Interview bereits angedeutet, trifft diese Annahme in keiner Weise zu. Uns liegen heute etliche, zum Teil sich über viele Jahre erstreckende Untersuchungen an Kindern aus Ein-Eltern-Familien vor, die zeigen, dass diese Kinder sich gleich gut entwickeln wie Kinder aus so genannten »vollständigen« Familien. Im Hinblick auf soziale Kompetenzen (wie Selbstständigkeit und differenzierte Bilder von weiblichen und männlichen Rollen und Fähigkeiten) weisen sie – wie schon erwähnt – oft sogar einen Vorsprung vor Kindern aus traditionellen Zwei-Eltern-Familien auf.

Die Schuldgefühle, mit denen sich auch Herr Eilers herumschlägt, sind letztlich also von der Umgebung induzierte Schuldgefühle, die in keiner Weise auf eine reale Schuld verweisen. Damit Herr Eilers die gleichgeschlechtliche Orientierung seines Sohnes akzeptieren kann, muss er sich zunächst von dem ihm von seiner Umgebung eingeflößten Schuldgefühl, ein »allein« erziehender Vater zu sein, frei machen. Dies würde ihn entlasten und den Weg zu einem fruchtbaren Dialog mit seinem Sohn öffnen.

U. R.

13. »Es ist eine von Gott gegebene Vielfalt«

Interview

»Rolf war noch sehr jung, vielleicht dreizehn oder vierzehn Jahre alt, als er in der Schule einmal von einem Mädchen gehänselt wurde. ›Du Schwuli‹, verspottete sie ihn, weil er in der Schule während des Sportunterrichts keine Lust hatte, sich an den Übungen zu beteiligen. Damals kam Rolf in Tränen aufgelöst nach Hause. Ich nehme an, dass das Mädchen, das selbst mehrere Brüder hatte, bei ihm etwas gesehen hatte, das zu dem Zeitpunkt weder ihm selbst noch uns bewusst war.«

Margarete Schulte (56) sitzt mir in ihrem gediegen eingerichteten Wohnzimmer gegenüber, sportlich gekleidet, die blonden Haare umrahmen ein rundes, freundliches Gesicht.

»Ich habe selbst nie daran gedacht, dass Rolf homosexuell sein könnte. Für mich war er ein ganz normaler Junge, geistig sehr wach, sehr sensibel, auch im Umgang mit Gleichaltrigen gab es auf der Schule und zu Hause nie Probleme. Mit acht oder neun Jahren hatte er auch einmal eine kleine Freundin, die er regelrecht vergötterte. Ich weiß noch, dass ich dachte: Der fängt ja früh an.

Später merkte ich des Öfteren, dass die Mädchen, die zu uns nach Hause kamen, irgendwie frustriert waren. So, als könnte Rolf ihre in ihn gesetzten Erwartungen nicht erfüllen. Aber schließlich war er noch so jung, und Mädchen im gleichen Alter sind oft schon viel weiter. Auf jeden Fall habe ich mir nichts dabei gedacht.«

»Hat Rolf sich Ihnen dann selbst anvertraut?«

»Ja, das war im Oktober 1995. Rolf war gerade neunzehn Jahre alt. Er arbeitete als Ferienbegleiter für Jugendliche. Als er von der Reise zurückkam, fragte ich ihn, ob er im Ferienlager auch nette Mädchen kennen gelernt hätte. Einen Augenblick sah er mich mit seinen großen blauen Augen prüfend an, schluckte, und sagte dann: ›Nein, keine Mädchen. Und ich glaube, auf Enkelkinder müsst ihr in der Zukunft auch verzichten. Ich bin nämlich schwul!‹

Meine erste Reaktion war, dass ich ihn in den Arm nahm und ihm versicherte, dass sich dadurch an unserem Verhältnis nichts ändern würde. Das kam ganz spontan bei mir, ich wollte ihm das Gefühl vermitteln, dass er immer auf uns rechnen könne. Ich musste ihm Sicherheit geben, dass er so bleiben und sein durfte, wie er ist.

Noch am selben Tag erzählte er es seinem Vater, und ich muss sagen, dass mein Mann erst einmal sprachlos war und ihn eine tiefe Traurigkeit erfasste. Aber noch heute bin ich froh, dass wir beide kein einziges unbedachtes oder gar böses Wort zu Rolf gesagt haben. Denn auch für mich brach eine Welt zusammen. Von einem Tag zum anderen änderte sich Rolfs Lebensperspektive vollkommen. Den Traum einer sich vergrößernden Familie durch eine Schwiegertochter und später von Enkelkindern konnte ich vergessen.

Auch in mir war diese Traurigkeit, aber ich habe mit Rolf nie darüber geredet. Das war etwas, was ich mit mir selbst abmachen musste. Aber ich erinnere mich, dass ich am nächsten Tag, als ich meine Meißner Porzellansammlung abstaubte, nur mit Mühe den Wunsch unterdrücken konnte, alles gegen die Wand zu werfen. All die schönen Dinge bedeuteten mir plötzlich nichts mehr. Ich weiß auch noch sehr gut, wie oft ich geweint habe. Seltsamerweise meistens beim Kartoffelschälen, so als würde mir bei dieser einfachen Handlung im Haushalt deutlich bewusst, dass meine ganze, geordnete Welt auf dem Kopf stand.

Gleichzeitig dachte ich aber auch, dass ich etwas tun müsste. Denn wenn wir, die wir uns doch als Eltern für aufgeschlossen hielten, es mit Rolfs Mitteilung schon so schwer hatten, wie musste es dann erst anderen Vätern und Müttern gehen, die viel konservativer als wir waren?

Damals haben wir dann den Verein *›HuK‹ (Homosexualität und Kirche)* gegründet. Ein privater Verein, der es sich zur Aufgabe machen soll, betroffenen Eltern zu helfen, Fragen, die die Homosexualität ihrer Kinder betreffen, zu beantworten und die Veranlagung ihrer Kinder zu akzeptieren. In dieser Elterngruppe haben wir viel gelernt, am meisten von jungen Schwulen, mit denen wir immer wieder das Gespräch suchten. ›Seid froh, dass Rolf es euch jetzt schon gesagt hat‹, hörten wir. ›Je länger ein Homosexueller sich gegen seine Veranlagung wehrt, sie versucht, zu verdrängen, um so schwieriger wird es für ihn und die Umwelt.‹ Durch diese Gespräche hat mein Mann auch die Hoffnung aufgegeben, dass Rolf doch noch wieder ›normal‹ werden würde. Denn daran hat er sich zu Anfang wohl geklammert, es handele sich vielleicht nur um eine vorübergehende Phase. Rolf sagte dann auch einmal im Gespräch mit uns, dass er ungefähr seit seinem fünfzehnten oder sechzehnten Lebensjahr glaubte, irgendetwas stimme mit ihm nicht. Von den jungen Schwulen hörten wir auch von ganz schrecklichen Reaktionen seitens der Eltern. Ein Vater hatte zu seinem Sohn nach seinem ›Outing‹ gesagt: ›Von heute an bis du nicht mehr unser Sohn. Wir werden ein Kind adoptieren, das deinen Platz einnehmen wird.‹ So etwas ist doch entsetzlich, und das bestätigte uns in der Meinung, dass gerade die Eltern auch Hilfe brauchen. Ein anderer Homosexueller sagte uns einmal, nicht ohne Bitterkeit, dass er der ideale Schwule sei. Seine Eltern wohnten in Hannover, er studiere in München, und mehr als einmal im Jahr brauchte er nicht nach Hause zu kommen, am liebsten auch nicht länger als drei Stunden und natürlich ohne seinen Freund. So könne man den Schein gegenüber den Nachbarn wahren und jedes Gespräch über ›diese Abartigkeit‹ vermeiden.«

»Wie haben Bekannte oder Verwandte auf Rolfs Veranlagung reagiert?«

»Einige Bekannte haben sich von uns zurückgezogen. Entweder, weil sie selbst nicht mit dem Thema umgehen können; vielleicht auch, weil sie glauben, wir hätten irgendwie versagt. Eine ältere Tante fand es ausgesprochen skandalös von uns, dass wir sogar im Fernsehen in einer Show (Hera Lind) über Rolfs Veranlagung geredet haben. Sie meinte wörtlich: ›So etwas hat es schon immer gegeben, das kehrt man unter den Tisch, darüber redet man nicht.‹

Aber ich habe darüber eine andere Meinung. Man muss und soll darüber reden. Dann kann man vielleicht auch die Angst abbauen. Denn ich glaube, dass sie einer der Hauptgründe ist, dass Eltern sich so schwer mit der Akzeptanz von

Homosexualität tun. Die Angst, was die lieben Nachbarn und natürlich die Verwandten sagen. Irgendwie zweifeln wohl die meisten Eltern, ob sie selbst etwas in der Erziehung falsch gemacht haben. Ganz zu Anfang hatte ich diese Gedanken auch einmal. Rolf hat meinen Mann längere Zeit als Hausmann erlebt, als ich krank war. Und ich überlegte doch allen Ernstes, ob er dadurch vielleicht ein verkehrtes Männerbild bekommen haben könnte. Heute weiß ich natürlich, dass das Unsinn ist, aber in der ersten Verzweiflung sucht man vor allem nach der Antwort auf die Frage: ›Warum gerade mein Kind?‹, ›Was habe ich verkehrt gemacht?‹ Seitdem ich mehr über Homosexualität gelesen habe, weiß ich, dass es keine ›Schuldfrage‹ zu klären gibt, sondern es ist meiner Meinung nach eine von Gott gewollte Vielfalt. Und darum würde ich es auch grauenhaft finden, wenn man durch Gen-Manipulation dafür sorgen könnte, dass es keine Homosexuellen mehr gibt. Dann sind wir dem Retortenmenschen ja bedrohlich nahe.«

»Sie sagten schon, dass Sie einen Verein gegründet haben, *Homosexualität und Kirche.* Welche Rolle spielt die Kirche in diesem Zusammenhang für Sie?«

»Sie spielte eine sehr schlechte Rolle. In unserer früheren Gemeinde war absolut kein Platz für Homosexuelle. Mir wurde tatsächlich gesagt, ich sollte viel beten, solche Veranlagung könnte man wegbeten. Darauf habe ich gesagt: ›Ich will gerne beten. Aber dann nur, dass Rolf glücklich wird und dass er bindungsfähig wird.‹

Wir haben uns dann einer anderen Gemeinde angeschlossen, der Thomas-Gemeinde. Dort fühlen wir uns gut aufgehoben, dort hat man Verständnis für Homosexuelle und ihre Eltern. Meiner Meinung nach sollte die Kirche barmherzig sein und nicht verurteilen. Und die so oft so verkehrt zitierte Bibel sollte man im Bezug auf unsere heutige Zeit lesen.«

»Gibt es etwas, wovor Sie im Zusammenhang mit Rolfs Veranlagung Angst haben?«

»Ja, der politische Wind in unserem Land bereitet uns Sorgen. Dieses Zurückgehen zu so genannten alten Normen und Werten, gleichzeitig die damit verbundenen rechtsradikalen Ausschreitungen. Wir müssen die Politiker wachrütteln, in welcher Gefahr sich durch ihre unqualifizierten Aussprüche Minderheiten in unserem Land befinden. Dies könnten wir, denken wir an Homosexualität, nur dadurch schaffen, dass wir die Eltern von Homosexuellen mobilisieren. Man schätzt, dass es in Deutschland ungefähr zehn Prozent Schwule und Lesben gibt. Aber wie viele wagen es immer noch nicht, sich zu ihrer Veranlagung zu bekennen? Dahinter steht die Angst, diskriminiert zu werden. Das widerspricht unserem Grundgesetz. Die Würde des Menschen ist unantastbar. Aber Homosexuelle werden auch im Fernsehen immer noch auf die allerbilligste Weise in irgendwelchen Glossen durch den Schmutz gezogen. Das tut weh!

Ja, und dann ist natürlich, wenn wir über Ängste reden, auch die Angst vor Aids. Aber ich weigere mich, mich in diese Angst hineinzusteigern. Rolf weiß, welche Gefahren es gibt. Und ich vertraue darauf, dass er Safer Sex betreibt. Zu Anfang war das bestimmt auch mehr ein Grund zur Sorge. Rolf hatte viele wechselnde Partner, und mir war klar, dass es erst einmal nur um Sex ging. Er brachte übrigens auch diese jungen Männer immer mit zu uns nach Hause, sodass wir sie kennen lernen konnten.

Aber diese Zeit der ständig wechselnden Freunde ist vorbei. Jetzt hat er schon seit einem Jahr einen Freund, mit dem er unwahrscheinlich gut reden kann. Also habe ich einen ›Schwiegersohn‹ dazu bekommen, und das macht mich sehr froh.

Unsere Beziehung ist durch Rolfs ›Outing‹ inniger als vorher geworden. Er weiß es auch zu schätzen, dass wir vom ersten Tag an zu ihm gestanden haben. Und da er in unserem Haus eine eigene Wohnung hat, haben wir beide die Freiheiten, die im Zusammenleben mit zwei Generationen wichtig sind.

Aus eigener Erfahrung kann ich allen betroffenen Eltern nur raten, sich auch zu ›outen‹. Dann ist man auch nicht mehr erpressbar, dann steht man zusammen mit dem Kind zu dessen anderer sexuellen Veranlagung. Dass dies kein einfacher Weg ist, weiß ich. Selbsthilfegruppen können den Schritt zur Akzeptanz erleichtern. Und vielleicht können dann auch andere Eltern diese ›von Gott gegebene Vielfalt‹ als etwas Positives in ihrem Leben erfahren.«

Kommentar

In diesem Interview berichtet Frau Schulte über eine von zwei gerade für Eltern von Lesben und Schwulen wichtigen Organisationen: die HuK (Homosexuelle und Kirche) und eine Gruppe von Eltern von Lesben und Schwulen (die Dachorganisation in Deutschland ist der BEFAH, der Bundesverband der Eltern, Freunde und Angehörigen von Homosexuellen).

Die HuK wurde 1977 auf dem Berliner Kirchentag gegründet und hat sich zu einer der größten und stabilsten ökumenischen Homosexuellen-Organisationen entwickelt. Seit 1979 ist die HuK auf jedem Kirchentag vertreten.

Die Elterngruppen, die es inzwischen an vielen Orten gibt, stellen Begegnungs- und Austauschmöglichkeiten für Eltern und weitere Angehörige von Lesben und Schwulen dar. Wie aus etlichen Interviews dieses Buches hervorgeht, müssen ja auch Eltern, wie Lesben und Schwule selbst, einen Coming-out-Prozess durchlaufen, in dessen Verlauf sie die gleichgeschlechtliche Orientierung ihres Kindes akzeptieren und sie schließlich auch dem weiteren Umfeld bekannt machen. Die Interviews haben erkennen lassen, dass die Eröffnung der Kinder, sie seien lesbisch oder schwul, für etliche Eltern ein mehr oder weniger großer Schock ist und dass sie negative Reaktionen der Umgebung befürchten. In dieser schwierigen Situation ist es eine große Hilfe für sie, wenn sie sich mit anderen Eltern austauschen können, die Ähnliches erlebt und bewältigt haben.

Das zweite wichtige Thema dieses Interviews ist die Frage, die die Eltern von Rolf Schulte sich, wie manche andere Eltern auch, gestellt haben, als sie von der gleichgeschlechtlichen Orientierung ihres Sohnes erfuhren: »Was haben wir verkehrt gemacht?« Im Unterschied zu Herrn Eilers aus dem 12. Interview sind sie jedoch schnell zur Einsicht gelangt, dass sie in der Erziehung nichts falsch gemacht haben, sondern dass Homosexualität Ausdruck einer »von Gott gewollten Vielfalt« ist. Sie haben damit nicht nur unnötige und durch nichts begründbare Schuldgefühle abgeschüttelt, sondern den Schritt darüber hinaus getan zur Einsicht, dass die gleichgeschlechtliche Orientierung eine Bereicherung, eine Ausweitung des Spektrums menschlichen Lebens und Erlebens ist.

Dies mag selbst für aufgeschlossene Leserinnen und Leser reichlich euphemistisch klingen. Sie mögen sich fragen, ob man wirklich so weit gehen kann, Homosexualität nicht lediglich als gegeben zu akzeptieren, sondern ihr sogar noch etwas besonders Positives abzugewinnen. Tatsächlich aber ist es berechtigt, die gleichgeschlechtliche Orientierung als Bereicherung und als Ausdruck der Vielfalt zu sehen und daraus Gewinn zu ziehen.

In Kreisen der weltumspannenden Großindustrie und der Weltbanken ist seit etlichen Jahren das Konzept der »Diversity«, der Vielfalt menschlicher Existenz, ein zentrales Thema. Dazu gehört neben der ethnischen und religiösen Vielfalt auch die Vielfalt der sexuellen Orientierungen. Im Rahmen entsprechender Weiterbildungsveranstaltungen für das Kaderpersonal von Großindustrie und Banken ist gezeigt worden, dass Menschen mit gleichgeschlechtlichen Orientierungen eine Bereicherung für die Arbeitsteams sein können und dass die Akzeptanz von Homosexualität eine unverzichtbare Bedingung für eine gute Atmosphäre am Arbeitsplatz ist. Große, international tätige Firmen haben heute sogar spezielle Diversity-Beauftragte eingesetzt, zu deren Tätigkeit es gehört, auch darauf zu achten, dass Mitarbeiterinnen und Mitarbeiter mit gleichgeschlechtlichen Orientierungen nicht nur nicht diskriminiert, sondern als Repräsentanten produktiver Vielfalt wertgeschätzt werden.

Es ist zu wünschen, dass sich diese Einsicht auch in breiten Kreisen unserer Bevölkerung durchsetzen wird!

U. R.

Anhang

Elterngruppen homosexuell liebender Söhne und Töchter

»Es war sehr wichtig für mich, mit meinen Eltern über meine homosexuellen Gefühle zu sprechen. Ich kam mir furchtbar einsam vor. Ich brauchte einfach Verbündete.« – »Mit der Homosexualität des Nachbarn konnte ich umgehen. Aber als mir mein Sohn seine Homosexualität eröffnete, konnte ich das kaum verkraften.«

Die Aussage eines Sohnes und die Aussage einer Mutter. Söhne und Tochter brauchten früher und oft auch heute noch Jahre, bevor sie mit ihren Eltern über ihre Homosexualität sprechen konnten. Manche Eltern haben es auch nie erfahren. – In einigen der vorangehenden Interviews ist zu lesen, wie auch heute noch Eltern reagieren, wenn sie darüber informiert werden, dass ihr Sohn schwul oder ihre Tochter lesbisch ist. Und es ist zu vermuten, dass die meisten Eltern, und zwar quer durch alle Bildungsschichten, zuerst mit Entsetzen, Ungläubigkeit und Verzweiflung reagieren; dass sie nach »Heilungsmöglichkeiten« fragen, auf eine »vorübergehende Entwicklungsphase« hoffen, sich selber die Schuld geben und dann vor dem Problem stehen, wie sie öffentlich mit der Homosexualität ihres Kindes umgehen sollen.

Es gibt Eltern, die von Sohn oder Tochter informiert wurden und dann nie wieder darüber sprechen. Es breitet sich dann ein immer dichter werdendes Schweigen zwischen diesen Eltern und ihren Kindern aus, das zur Entfremdung führt. Die Mütter und Väter, die Frau Hassenmüller interviewt hat, gehören in der Mehrzahl nicht zu ihnen, denn sie waren wenigstens bereit, mit einer Fremden über die Homosexualität ihres Kindes zu reden. Und nur so wird es zu einer Weiterentwicklung zwischen Eltern und Kindern kommen. Es muss darüber gesprochen werden.

Natürlich brauchen Eltern, die mit dieser Thematik in ihrer Familie nie gerechnet hatten, auch Information und Aufklärung. Dazu soll auch dieses Buch dienen.

Aber das reicht oft nicht, denn die falschen Vorstellungen und Bilder und vor allem die Ängste sitzen nicht nur im Kopf, sondern auch im »Bauch«. Und an sie ist nicht nur durch Sachinformationen heranzukommen. Sie müssen besprochen und bearbeitet werden, und das geschieht am besten in einer Selbsthilfegruppe von Eltern schwuler Söhne oder lesbischer Töchter. Die einzigen Eltern, die das erkannt haben, sind die Eltern von Andreas und Markus Wegener (Interview 6) und Rolf Schulte (Interview 13).

Sie haben erfahren, wie gut man in einer solchen Selbsthilfegruppe auf Grund der unterschiedlichen Erfahrungen voneinander lernen kann. In der Düsseldorfer Gruppe, die ich seit vielen Jahren gemeinsam mit der Mutter eines schwulen Sohnes leite (Ruth Schnabel), haben wir die Erfahrung gemacht, dass auch nach Klärung und Beruhigung doch immer wieder neue Fragen auftauchen, die besprochen werden müssen: Fragen auf Grund »sensationeller« Zeitungsmeldungen oder neuer Lektüre, erneute Verunsicherung auf Grund diskriminierender Äußerungen und antihomosexueller Handlungen oder auch auf Grund des als fremd empfundenen Lebensstils des Sohnes oder der Tochter. In unserer Gruppe hat es sich bewährt, dass sich in ihr nicht nur Eltern treffen, sondern auch Söhne und Töchter. Manche Eltern haben dann im Gespräch erkannt, dass ihre Befürchtungen im Blick auf das Leben ihrer Kinder oft nicht begründet sind.

Die Gruppe kann auch zu einer Quelle der Ermutigung werden, vor allem, wenn es darum geht, im Verwandten-, Freundes- und Bekanntenkreis zur homosexuellen Orientierung des Kindes zu stehen.

Die erste Elternselbsthilfegruppe wurde von Traute Babick, der ich dieses Buch widme, im Herbst 1982 in Hamburg gegründet.

Sie selbst hat kein homosexuell liebendes Kind, war aber entsetzt über die Ablehnung und Verächtlichmachung, die einige ihrer schwulen Freunde bis in deren Familien hinein erfuhren. Sie fand Unterstützung bei dem evangelischen Pfarrer Gunnar von Schlippe an der Hauptkirche St. Petri und bei Helmut Kentler aus Hannover. Seitdem sind Elterngruppen in verschiedenen Orten entstanden, es sind leider noch immer viel zu wenig. Aber bereits vor längerer Zeit wurde auf einem der bundesweiten Elterntreffen in Hamburg eine Vernetzung aller Elterngruppen beschlossen. Die dadurch mögliche größere Öffentlichkeit kann – so ist jedenfalls zu hoffen – der Stimme der Eltern mehr Gehör verschaffen im Kampf für die volle Gleichberechtigung und Gleichachtung homosexuell liebender Menschen in unserer Gesellschaft und in unseren Kirchen.

H.-G. W.

Adressen

Bundesverband der Eltern, Freunde und Angehörigen
von Homosexuellen (BEFAH) e. V.
Hauptgeschäftsstelle Hannover
Sigrid und Uwe Pusch
Anton-Freytag-Straße 43
30823 Garbsen
Tel.: 0 51 31/47 80 50
Fax: 0 51 31/47 73 20
E-Mail: info@befah.de
www.befah.de

Lesben- und Schwulenverband in Deutschland (LSVD) e. V.
Bundesgeschäftsstelle
Pipinstraße 7
50667 Köln

Tel.: 02 21/92 59 61-0
Fax: 02 21/92 59 61-11
E-Mail: lsvd@lsvd.de
www.lsvd.de; www.aktion-einszueins.de/index.htm

Menschenrechte und Sexuelle Identität (MERSI, Sektionskoordinationsgruppe 2918)
amnesty international, Deutsche Sektion
2918/MERSI
c/o ai-Büro Hannover
Frauenhoferstraße 15
30163 Hannover
E-Mail: info@mersi-amnesty.de
www.mersi-amnesty.de

Ökumenische Arbeitsgruppe Homosexuelle und Kirche (HuK) e. V.
Postfach 500 437
52088 Aachen
Tel.: 02 41/1 23 46
Fax: 0 30/78 71 17 53
E-Mail: info@huk.org
vorstand@huk.org
www.huk.org

Ökumenische Arbeitsgruppe Homosexuelle und Glaube (HuG Wien)
Postfach 513
1011 Wien
Tel.: 06 76/4 01 25 69 (Christoph)
E-Mail: verein@hugwien.at
obmann@hugwien.at
www.hugwien.at

Ökumenische Arbeitsgemeinschaft Lesben und Kirche (LuK)
Postfach 61 06 23
10937 Berlin
E-Mail: luk@gay-web.de
http://stadt.gay-web.de/luk

Stop Discrimination
Für Vielfalt – gegen Diskriminierung. Eine Initiative der EU.
E-Mail: stop-discrimination@media-consulta.com
www.stop-discrimination.info

Telefonberatung Rosa Strippe
Tel.: 02 34/1 94 46
www.rosastrippe.de

Literatur

Becker-Kolle, Chr. (Hg.): Schwarze Angst. Leben mit AIDS. Stuttgart 1989.

Bleibtreu-Ehrenberg, G: Homosexualität. Die Geschichte eines Vorurteils. Frankfurt am Main 1981.

Bürger, P.: Da war unser Mund voll Lachens. Befreiung für die Kirche und für Christen, die das gleiche Geschlecht lieben. Hg. vom Arbeitskreis »Homosexualität und Altkatholische Kirche«, 1996. (Bestelladresse: Kathol. Pfarramt für die Altkatholiken Düsseldorf, Franz-Bender-Str. 6, 41472 Neuss.)

Ehmke, H. P./Wiedemann, H.-G: Liebe. Unser Sohn ist schwul. Unsere Tochter ist lesbisch, 1997. (Bestelladresse: Jugendnetzwerk Lambda, Rittergut, 99955 Lützensömmern.)

Evangelische Kirche im Rheinland, Landessynode 1992: Homosexuelle Liebe. Arbeitspapier für rheinische Gemeinden und Kirchenkreise. (Bestelladresse: LKA, Hans-Böckler-Str. 7, Postfach 32 03 40, 40418 Düsseldorf.)

Evangelische Kirche im Rheinland, Landessynode 1996: »Sexualität und Lebensformen« sowie »Trauung und Segnung«. Diskussionspapier für Gemeinden und Kirchenkreise. (Bestelladresse s. o.)

Familien- und Sozialverein des Lesben- und Schwulenverbandes in Deutschland (Hg.): Dokumentation der bundesweiten Fachtagung des LSVD »Regenbogenfamilien – familiäre und gesellschaftliche Wirklichkeit«, 11./12. Oktober 2003 in Berlin. Köln 2003.

Grossmann, Th.: Eine Liebe wie jede andere. Mit homosexuellen Jugendlichen leben und umgehen. Reinbek bei Hamburg 1984.

Haag, H./Elliger, K.: Stört nicht die Liebe … Die Diskriminierung der Sexualität – ein Verrat an der Bibel. Olten/Freiburg 1986.

Isay, R. A.: Schwul sein. Die psychologische Entwicklung des Homosexuellen. München 1993.

Kentler, H.: Leihväter. Kinder brauchen Väter. Reinbek bei Hamburg 1989.

Kentler, H.: Was bedeutet es, homosexuell zu sein? In: *Wiedemann, H.-G.:* Homosexuell. Stuttgart 2005, S. 24–32.

Knoll, C. / Edinger, M. / Reisbeck, G.: Grenzgänge. Schwule und Lesben in der Arbeitswelt. München 1997.

Rauchfleisch, U.: Alternative Familienformen. Eineltern, gleichgeschlechtliche Paare, Hausmänner. Göttingen 1997.

Rauchfleisch, U.: Schwule, Lesben, Bisexuelle. Lebensweisen, Vorurteile, Einsichten. 3. Aufl. Göttingen 2001.

Rauchfleisch, U.: Wer sorgt für die Seele? Grenzgänge zwischen Psychotherapie und Seelsorge. Stuttgart 2004.

Referat für gleichgeschlechtliche Lebensweisen: Lesben – Schwule – Partnerschaften. Dokumente lesbisch-schwuler Emanzipation Nr. 9, 1994. (Bestelladresse: Senatsverwaltung für Schule, Jugend und Sport: Am Karlsbad 8–10, 10785 Berlin.)

Referat für gleichgeschlechtliche Lebensweisen: Lesben und Schwule mit Kindern – Kinder homosexueller Eltern. Dokumente Nr. 16, 1997 (Bestelladresse s. o.)

Weizer, J.: Vom andern Ufer. Schwule fordern Heimat in der Kirche. Düsseldorf 1995.

Wiedemann, H.-G.: Eros in Ecclesia? In: *Helga Egner (Hg.):* Leidenschaft und Rituale. Was Leben gelingen lässt. Düsseldorf/Zürich 1997, S. 115–132.

Wiedemann, H.-G: Homosexuell. Das Buch für homosexuell Liebende, ihre Angehörigen und ihre Gegner. Stuttgart 2005.

Wiedemann, H.-G.: Homosexuell Liebende. In: *Buchheim, P. / Cierpka, M. / Seifert, Th. (Hg.):* Sexualität zwischen Phantasie und Realität. Heidelberg 1997, S. 102–118.

Wiedemann, H.-G: Liebe – Sexualität und die Krankheit AIDS. In: *Korporal, J. (Hg.):* Leben mit AIDS. Hamburg-Rissen 1987.

Wiedemann, H.-G.: Plädoyer für Männer-Freundschaft. Stuttgart 1992.

Wiedemann, H.-G: Schwul und dennoch Christ? Homosexuell liebende Menschen in der katholischen Kirche. In: *Dunde, S. (Hg.):* Katholisch und rebellisch. Reinbek bei Hamburg 1984, S. 155–166.

Wiedemann, H.-G: »Sexualität ist mehr«. Sexualerziehung in Religions- und Konfirmandenunterricht. In: Der Evangelische Erzieher, 41. Jg., 1989, S. 329–340.